Poemas de Alberto Caeiro

Livros do Autor na Coleção **L&PM** Pocket:

Mensagem
Odes de Ricardo Reis
Poemas de Alberto Caeiro
Poesias

FERNANDO PESSOA

Obra poética II

Poemas de Alberto Caeiro

Organização, introdução e notas: Jane Tutikian

www.lpm.com.br

Coleção **L&PM** Pocket, vol. 489

Organização, introdução e notas: Jane Tutikian
Capa: Ivan Pinheiro Machado sobre foto de Fernando Pessoa
Revisão: Bianca Pasqualini

CIP-Brasil. Catalogação-na-fonte
Sindicato Nacional dos Editores de livros, RJ

P567p	Pessoa, Fernando, 1888-1935
	    Poemas de Alberto Caeiro : obra poética II / Fernando Pessoa ; organização, introdução e notas Jane Tutikian. -- Porto Alegre, RS : L&PM, 2006
	    144 p. ; 18 cm. -- (Coleção L&PM Pocket, vol. 489)
	
	ISBN 85-254-1533-2
	
	    1. Poesia portuguesa. I. Tutikian, Jane, 1952-. II. Título. III. Série.
	
	                  CDD 869.1
	                  CDU 821.134.3-1

© L&PM Editores, 2006

Todos os direitos desta edição reservados à L&PM Editores
Porto Alegre: Rua Comendador Coruja 314, loja 9 - 90220-180
              Floresta - RS / Fone: 51.3225.5777
Pedidos & Depto. comercial: vendas@lpm.com.br
Fale conosco: info@lpm.com.br
www.lpm.com.br

Impresso no Brasil
Inverno de 2006

Sumário

Apresentação 7
  Sobre Fernando Pessoa 7
  O mestre Alberto Caeiro, poeta da natureza 20

O guardador de rebanhos (1911-1912) 29
O pastor amoroso (1914-1930) 91
Poemas inconjuntos (1913-1915) 101

Cronologia 137

Apresentação

Sobre Fernando Pessoa

Falar de Fernando Pessoa não é apenas falar do maior poeta de língua portuguesa do século XX, mas é, também, falar de uma personalidade extremamente controvertida (como a de todo o gênio) e de uma obra vasta, afinal, Pessoa é vários poetas num só.

Filho de Joaquim de Seabra Pessoa, funcionário público e crítico musical, e de Maria Madalena Pinheiro Nogueira, Fernando Antônio Nogueira Pessôa nasce em 13 de junho de 1888 na cidade de Lisboa, e sua primeira infância é marcada por acontecimentos que deixam cicatrizes para toda a vida. Com apenas cinco anos de idade, em 1893, Pessoa perde o pai, que morre de tuberculose, e ganha um irmão, Jorge. A morte de Joaquim traz tantas dificuldades financeiras à família que Madalena e seus filhos são obrigados a baixar o nível de vida, passando a viver na casa de Dionísia, a avó louca do poeta.

São as duas primeiras perdas do menino: o pai, a quem era muito apegado, e a casa. No ano seguinte, 1894, morre também Jorge. E, como para que compensar tudo isso, é nesse ano que Fernando Pessoa "encontra" um amigo invisível: o Chevalier de Pas, ou o Cavaleiro do Nada, "por quem escrevia cartas dele a mim mesmo", diz o poeta, na carta de 1935 ao crítico Casais Monteiro.

Em 1895, dois anos após a morte de Joaquim,

Madalena se casa com o comandante João Miguel Rosa, cônsul de Portugal na cidade de Durban, uma colônia inglesa na África do Sul, e é para lá que a família se muda no ano seguinte.

Pouco se sabe a respeito da família nesse período africano, a não ser o nascimento dos irmãos Henriqueta Madalena, Madalena (que morre aos três anos) e João e algumas notícias sobre a escolaridade de Fernando. Em 1896, ele inicia o curso primário na escola de freiras irlandesas da West Street. Três anos depois, ingressa na Durban High School. Considerado um aluno excepcional, em 1900 é admitido no terceiro ano do liceu e, antes final do ano letivo, é promovido ao quarto ano. Faz em três o que deveria fazer em cinco anos.

O ano seguinte é um ano de alegria, surpresa e descoberta para o adolescente Pessoa: as férias são em Portugal, e só em setembro de 1902 ele regressa a Durban. Foi nessa época, aos 14 anos, que escreveu seu primeiro poema em português que chegou até nós:

> (...)
> Quando eu me sento à janela,
> P'los vidros que a neve embaça
> Julgo ver a imagem dela
> Que já não passa... não passa...

Em 1903, o jovem Fernando Pessoa é admitido na Universidade do Cabo, cursa apenas um ano; alguma coisa no poeta fala mais forte, e, nesse período, ele cria várias "personalidades literárias", ou seja, vários poetas fictícios que vão assinar as poesias que "eles próprios" escrevem. Entre os poetas saídos da imaginação de Pessoa nessa época, destacam-se dois: Alexander Search, um adolescente, como o seu criador, que, inclusive, nasceu no dia do seu aniversário, e Charles Robert Anon, também adolescente, mas totalmente oposto ao temperamento de Fernando. De alguma maneira, começava a se delinear aquilo que faria de Fernando Pessoa um poeta como nenhum outro no mundo: um poeta que, sendo um, era muitos poetas.

Em 1904, a família aumenta; é a vez do nascimento da irmã Maria Clara.

Um ano depois, há uma virada na vida do poeta: ele retorna a Portugal, onde passa a viver com a tia-avó Maria e inscreve-se na Faculdade de Letras, mas, com a criação poética pulsando em toda a sua intensidade, quase não freqüenta o curso. O ano seguinte, Pessoa mora com a mãe e o padrasto, que estão em férias em Lisboa; mas morre a irmã Maria Clara, a família volta para Durban, e ele vai morar com a avó e com as tias. É então que desiste, definitivamente, do curso de Letras.

Com a morte da avó, em 1906, Fernando Pessoa recebe uma pequena herança e aplica-a integralmente numa tipografia. Falta-lhe, entretanto, experiência, e o empreendimento logo fracassa. Isso faz com que, em 1908, comece a trabalhar como "correspondente de línguas estrangeiras", ou seja, encarrega-se da correspondência comercial em inglês e francês em escritórios de importações e exportações, profissão que, junto com a de tradutor, desempenhará até o fim da vida.

É em 1912 que Fernando Pessoa conhece outro

jovem poeta, de quem se torna grande amigo e parceiro na aventura literária: Mário de Sá-Carneiro. É um momento interessante na vida de Pessoa, e, ao contrário do que se pensa, ele não estréia na literatura com poesias, mas publicando artigos na revista *A Águia*, cujo editor e organizador é o também poeta Teixeira de Pascoais. Seus artigos provocam polêmica junto à intelectualidade portuguesa, até porque ele mexe com o grande ícone da nação: Pessoa anuncia a chegada, para Portugal, de um poeta maior do que Luís de Camões; um supra-Camões, o que faz com que seja imediatamente criticado. Essa é também a época em que ele passa a viver com a tia preferida, Anica.

O ano seguinte é de muita produção. Ligado às ciências ocultas, escreve os primeiros poemas esotéricos; "Epithalamium", um poema erótico em inglês; "Gládio", que depois usará na *Mensagem*, o poema que conta a história de Portugal; e uma peça de teatro de um único ato chamada *O marinheiro* – diz-se, inclusive, que escreveu a peça em apenas 48 horas. É também nesse ano que publica, na revista *A Águia*, um texto chamado "Floresta do Alheamento", que, mais tarde, fará parte do *Livro do desassossego*, uma obra escrita durante toda a sua vida de criador.

Mas nenhum dia foi igual àquele 8 de março de 1914: o "dia triunfal". Deixemos que o poeta nos conte:

> "...foi em 8 de março de 1914 – acerquei-me de uma cómoda alta, e, tomando um papel, comecei a escrever, de pé, como escrevo sempre que posso. E escrevi trinta e tantos poemas a fio, numa espécie de êxtase cuja nature-

za não conseguirei definir. Foi o dia triunfal da minha vida, e nunca poderei ter outro assim. Abri com um título, *O guardador de rebanhos*. E o que se seguiu foi o aparecimento de alguém em mim, a quem dei desde logo o nome de Alberto Caeiro. Desculpe-me o absurdo da frase: aparecera em mim o meu mestre. Foi essa a sensação imediata que tive. E tanto assim que, escritos que foram esses trinta e tantos poemas, imediatamente peguei noutro papel e escrevi, a fio, também, os seis poemas que constituem a *Chuva oblíqua,* de Fernando Pessoa. Imediatamente e totalmente... Foi o regresso de Fernando Pessoa-Alberto Caeiro a Fernando Pessoa ele só. Ou, melhor, foi a reacção de Fernando Pessoa contra a sua inexistência como Alberto Caeiro. Aparecido Alberto Caeiro, tratei logo de lhe descobrir – instintiva e subconscientemente – uns discípulos. Arranquei do seu falso paganismo o Ricardo Reis latente, descobri-lhe o nome, e ajustei-o a si mesmo, porque nessa altura já o *via*. E, de repente, e em derivação oposta à de Ricardo Reis, surgiu-me impetuosamente um novo indivíduo. Num jacto, e à máquina de escrever, sem interrupção nem emenda, surgiu a *Ode triunfal* de Álvaro de Campos – a ode com esse nome e o homem com o nome que tem. Criei, então, uma *coterie* inexistente. Fixei aquilo tudo em moldes de realidade. Graduei as influências, conheci as amizades, ouvi, dentro de mim, as discussões e as divergências de critérios, e em tudo isto me parece que fui eu, criador de tudo, o menos que ali houve. Parece que tudo se passou independentemente de mim. E parece que assim ainda se passa. [...]Eu *vejo* diante de mim, no espaço incolor mas real do sonho, as caras, os gestos de Caeiro, Ricardo Reis e Álvaro de Campos. Construí-lhes as idades e as vidas." (Carta a Casais Monteiro, janeiro de 1935.)

Ou seja, em 8 de março de 1914 nascem os heterônimos Alberto Caeiro – que ele logo toma por seu mestre –, Ricardo Reis e Álvaro de Campos; nascem dele, com suas respectivas obras.

Por que heterônimos, e não pseudônimos? Porque, quando usa um pseudônimo, um poeta se esconde atrás de um nome falso. É para esconder o nome verdadeiro que o pseudônimo existe. O heterônimo, ao contrário, não esconde ninguém, é um personagem, criado pelo poeta, que escreve a sua própria obra. Tem nome próprio, obra própria, biografia própria e, sobretudo, um estilo próprio. Esse nome, essa obra, essa biografia e esse estilo são diferentes do nome, da obra, da biografia e do estilo do poeta criador do personagem. Ao criador do heterônimo se dá o nome de ortônimo; foi Fernando Pessoa quem criou essa designação e é o único caso de heteronímia na literatura universal.

E quem são esses heterônimos, esses personagens criados por Pessoa? Deixemos que o poeta mesmo os apresente como os "vê", tal como o fez na carta a Casais Monteiro, em 1935:

> Alberto Caeiro nasceu em 1889 e morreu em 1915; nasceu em Lisboa, mas viveu quase toda a sua vida no campo. Não teve profissão nem educação quase alguma.[...]Caeiro era de estatura média e, embora realmente frágil (morreu tuberculoso), não parecia tão frágil como era. [...]Cara rapada todos – o Caeiro louro sem cor, olhos azuis; [...]Caeiro, como disse, não teve mais educação que quase nenhuma – só instrução primária; morreram-lhe cedo o pai e a mãe, e deixou-se ficar em casa, vivendo de uns pequenos rendimentos. Vivia com uma tia velha, tia-avó.[...]Como es-

crevo em nome desses três?... Caeiro, por pura e inesperada inspiração, sem saber ou sequer calcular o que iria escrever [...]Caeiro escrevia mal o português [...]

Quanto a Ricardo Reis:

Ricardo Reis nasceu em 1887 (não me lembro do dia e mês, mas tenho-os algures) no Porto, é médico e está presentemente no Brasil. [...]Ricardo Reis é um pouco, mas muito pouco, mais baixo, mais forte, mas seco. (Do que Caeiro, que era de estatura média) [...]
Cara rapada todos – [...] Reis de um vago moreno mate; [...] Ricardo Reis, educado num colégio de jesuítas, é, como disse, médico; vive no Brasil desde 1919, pois se expatriou espontaneamente por ser monárquico. É um latinista por educação alheia, e um semi-helenista por educação própria.[...]Como escrevo em nome desses três? [...] Ricardo Reis, depois de uma deliberação abstrata, que subitamente se caracteriza numa ode.[...]Reis escreve melhor do que eu, mas com um purismo que considero exagerado. [...]

Quanto a Álvaro de Campos:

[...]Álvaro de Campos (o mais histericamente histérico de mim) [...]Álvaro de Campos nasceu em Tavira, no dia 15 de outubro de 1890 (às 1h30 da tarde, diz-me o Ferreira Gomes; e é verdade, pois, feito o horóscopo para essa hora, está certo). Este, como sabe, é engenheiro naval (por Glasgow), mas agora está aqui em Lisboa em inactividade.[...]Álvaro de Campos é alto (1,75 m de altura, mais 2 cm do que eu), magro e um pouco tendente a curvar-se. Cara rapada todos – [...] Campos entre branco e moreno, tipo vagamente de judeu português, cabelo, porém, liso e normalmente apartado ao lado, monóculo.[...]Álvaro de Campos teve uma educação vulgar de liceu; depois foi mandado para a Escócia estudar engenharia, primeiro mecânica e depois naval. Numas férias fez a viagem ao Oriente de onde resultou o *Opiário*. Ensinou-lhe latim um tio beirão que era padre. Como escrevo em nome desses três?[...] Campos, quando sinto um súbito impulso para escrever e não sei o quê.[...] Caeiro escrevia mal o português, Campos razoavelmente mas com lapsos como dizer «eu próprio» em vez de «eu mesmo», etc. [...] O difícil para mim é escrever a prosa de Reis – ainda inédita – ou de Campos. A simulação é mais fácil, até porque é mais espontânea, em verso.

E, embora criações suas, são, de fato, poetas diferentes de Fernando Pessoa, na medida em que cada um deles possui uma forma diferente de estar no mundo e transforma esse estar em verso. E, mais ainda, é interessante observar a coerência existente entre a biografia deles e sua obra. Caeiro é o homem ligado à natureza, ele só acredita mesmo no que ouve e no que vê. Para ele, não existe mistério:

> O que nós vemos das coisas são as coisas.
> Por que veríamos nós uma coisa se houvesse outra?
> Por que é que ver e ouvir seria iludirmo-nos
> Se ver e ouvir são ver e ouvir?
>
> O essencial é saber ver,
> Saber ver sem estar a pensar,
> Saber ver quando se vê,
> E nem pensar quando se vê,
> Nem ver quando se pensa. [...]

Ricardo Reis faz uma poesia clássica, pagã, preocupada com a passagem tão rápida do tempo, que tudo aniquila, no melhor estilo do poeta da Antigüidade, Horácio:

> Tão cedo passa tudo quanto passa!
> Morre tão jovem ante os deuses quanto
> Morre! Tudo é tão pouco!
> Nada se sabe, tudo se imagina.
>
> Circunda-te de rosas, ama, bebe
> E cala. O mais é nada.

Álvaro de Campos, ao contrário de Reis, é o poeta da modernidade, da euforia e do desencanto da modernidade; é o poeta da irreverência total a tudo e a todos:

LISBON REVISITED
> Não: não quero nada.
> Já disse que não quero nada.
> Não me venham com conclusões!
> A única conclusão é morrer.
> Não me tragam estéticas!
> Não me falem em moral!
> Tirem-me daqui a metafísica!
> Não me apregoem sistemas completos, não me
>   [enfileirem conquistas
> Das ciências (das ciências, Deus meu, das ciências!) –
> Das ciências, das artes, da civilização moderna!
>
> Que mal fiz eu aos deuses todos?
> Se têm a verdade, guardem-na (...)

E há ainda um semi-heterônimo, Bernardo Soares, o ajudante de guarda-livros de um escritório de Lisboa. Por que semi-heterônimo? Pessoa explica:

É um semi-heterónimo porque, não sendo a personalidade a minha, é, não diferente da minha, mas uma simples mutilação dela. Sou eu menos o raciocínio e a afectividade. A prosa, salvo o que o raciocínio dá de *ténue* à minha, é igual a esta, e o português perfeitamente igual...

O ano de 1915 foi outro ano importante na vida deste poeta múltiplo e genial e na Literatura Portuguesa do século XX: o ano da criação da revista *Orpheu*, que revoluciona a criação literária portuguesa, dando início ao Modernismo naquele país. A revista tem apenas dois números publicados (o terceiro viria a público somente na década de 80). Isso, entretanto, não desanima Pessoa; o que o deixa verdadeiramente deprimido é o suicídio do amigo Mário, no ano seguinte, em Paris. Então, além da sua própria produção, publicada sobretudo em revistas como *Portugal Futurista*, Fernando Pessoa toma para si o encargo de organizar a obra de Sá-Carneiro.

O poeta conhece, em 1920, a secretária Ophélia Queiroz, a quem passa a namorar. Nesse mesmo ano, em outubro, atravessa uma depressão tão profunda que chega a pensar em internar-se numa casa de saúde. Rompe com Ophélia. Sua mãe, Madalena, morre em 17 de março de 1925. Seu próprio estado psicológico inquieta o poeta e ele escreve a um amigo manifestando o desejo de ser hospitalizado. É interessante observar que Pessoa era perseguido por uma espécie de consciência de seu estado psíquico, tanto que quando pouco antes de morrer ele escreve a carta ao crítico Adolfo Casais Monteiro explicando como nasceram os heterônimos, ele diz, ainda que ironizando, que é um "histeroneurastênico":

Há em mim fenómenos de abulia que a histeria, propriamente dita, não enquadra no registo dos seus sintomas. Seja como for, a origem mental dos meus heterónimos está na minha tendência orgânica e constante para a despersonalização e para a simulação. Estes fenómenos – felizmente para mim e para os outros – mentalizaram-se em mim; quero dizer, não se manifestam na minha vida prática, exterior e de contacto com outros; fazem explosão para dentro e vivo-os eu a sós comigo. Se eu fosse mulher – na mulher os fenómenos histéricos rompem em ataques e cousas parecidas – cada poema de Álvaro de Campos (o mais histericamente histérico de mim) seria um alarme para a vizinhança. Mas sou homem – e nos homens a histeria assume principalmente aspectos mentais; assim tudo acaba em silêncio e poesia...

Nesse momento, está nascendo em Portugal uma outra geração literária. Em 1927, é publicada a revista *Presença,* e com ela tem início o Presencismo, ou o segundo Modernismo português. Um dos grandes feitos dessa nova geração de poetas é o reconhecimento de Fernando Pessoa como seu mestre, fazendo com que Portugal comece a olhar com outros olhos para o seu maior poeta do século. É um momento importante para Fernando Pessoa que, em 1929, volta a se relacionar com Ophélia. Nesse mesmo ano, publica fragmentos do *Livro do desassossego,* creditando-os a Bernardo Soares. O namoro com Ophélia, porém, não prospera e, no ano seguinte, há o rompimento definitivo. Curiosamente, tudo indica que o problema foi o ciúme levantado por Álvaro de Campos, o heterônimo.

O ano de 1931 traz consigo o poema "Autopsicografia", talvez o poema mais conhecido do autor:

O poeta é um fingidor.
Finge tão completamente
Que chega a fingir que é dor
A dor que deveras sente.

E os que lêem o que escreve,
Na dor lida sentem bem,
Não as duas que ele teve,
Mas só a que eles não têm.

E assim nas calhas de roda
Gira, a entreter a razão,
Esse comboio de corda
Que se chama o coração.

Aí, o poeta explica o que para ele é a criação de um poema, sugerindo que existem duas dores, a que o poeta sente e a que ele cria na poesia, e é a segunda que o torna um fingidor. E foi o que Fernando Pessoa fez: fingiu tão completamente ser outros que não conseguiu encontrar a si mesmo. Mas isso se justifica: para o poeta, o fingimento é a forma de chegar à verdade essencial, e só se pode chegar à verdade essencial através do poema.

O ano anterior ao da sua morte é um ano profícuo. Há como que uma espécie de retorno à simplicidade das coisas, e o poeta escreve mais de trezentas quadras populares.

É também nesse ano que Pessoa finaliza *Portugal*, o poema épico português do século XX que depois será chamado de *Mensagem*, e o inscreve no Prêmio Antero de Quental, concurso literário instituído pelo Secretariado Nacional de Propaganda. Fernando Pessoa fica apenas em segundo lugar: seu livro tinha um número muito reduzido de páginas e não atendia à orientação do Estado Novo, a ditadura de Salazar. A obra vencedora foi *Romaria*, uma seleção de poemas do Padre Vasco Reis, hoje totalmente desconhecido.

Em 1935, Fernando Pessoa escreve a famosa carta ao crítico Adolfo Casais Monteiro, datada de 13 de janeiro, em que explica como nasceram os heterônimos e na qual se revela um ocultista, um místico. É uma espécie de revelação final, apoteótica. Em 29 de novembro, é internado no hospital com o diagnóstico de cólica hepática. A sua última frase, escrita em inglês, é: "*I know not what tomorrow will bring*" (Eu não sei o que o amanhã trará). Seu último pedido, em português, foi para que lhe alcançassem os óculos. Morre no dia 30 de novembro de 1935, às 20h30, aos 47 anos, de cirrose hepática.

Deixou toda sua obra – mais de 27 mil papéis – dentro de uma grande arca, comprada pelo Estado português em 1979 e depositada na Biblioteca Nacional e reprivatizada há cerca de nove anos. Esses documentos vêm sendo estudados e divulgados por uma equipe coordenada por Teresa Rita Lopes, sob a chancela da editora Assírio & Alvim. São ensaios, mais de mil poemas, três heterônimos, um semi-heterônimo desdobrado em dois (Vicente Guedes e Bernardo Soares), mais de setenta pequenos heterônimos (sem obra consistente), cartas, contos, teatro, textos políticos, notas, etc. É a obra do fingidor, do polêmico, do criador de vanguardas, do ocultista, do poeta dramático, do poeta das quadras populares e do questionador em busca de ser, que foi tanto a sua criação que se perdeu de si mesmo:

Quem sou, que assim me caminhei sem eu
Quem são, que assim me deram aos bocados
À reunião em que acordo e não sou meu?

Logo após a morte do poeta, o irmão João Nogueira faz uma conferência e afirma que ninguém na família adivinhava que Fernando Pessoa, "uma pessoa muito inteligente e muito divertida", "resultaria em génio...". A verdade é que o mundo também levou muito tempo para descobrir.

O mestre Alberto Caeiro, poeta da Natureza

Para cada um dos seus heterônimos, Fernando Pessoa criou uma biografia, um horóscopo, uma descrição física completa, características morais, intelectuais e ideológicas. Entretanto, à parte a carta escrita ao crítico Adolfo Casais Monteiro, em 13 de janeiro de 1935, a biografia de Alberto Caeiro foi a menos trabalhada, e nem precisava: os poemas deste excepcional e intrigante poeta fazem esse trabalho. Aliás, é Ricardo Reis quem diz isso. "A vida de Caeiro não pode narrar-se pois que não há nela mais de que narrar. Seus poemas são o que houve nele de vida. Em tudo o mais não houve incidentes, nem há história."[1]

Diz Pessoa, sem deixar de apontar para o mau português do "mestre", que escrevia em nome de

---

1. PESSOA, Fernando. *Páginas íntimas e de auto-interpretação*. LINDA, Georg Rudolf e COELHO, Jacinto do Prado. (org.) Lisboa: Ática, s/d. p. 330.

Caeiro por pura e inesperada inspiração, sem saber ou sequer calcular o que iria escrever. De fato, Alberto Caeiro é o heterônimo mais distante, mais diferente do poeta; se este afirmava, em poesia, que "O que em mim sente 'stá pensando", aquele tem um posicionamento contrário:

> [...]
> Vou escrevendo os meus versos sem querer,
> Como se escrever não fosse uma coisa feita de gestos,
> Como se escrever fosse uma coisa que me acontecesse
> Como dar-me o sol de fora.
> Procuro dizer o que sinto
> Sem pensar em que o sinto.
> [...]

Caeiro viveu quase toda a sua vida numa quinta do Ribatejo e aí escreveu O *guardador de rebanhos*, *O pastor amoroso* e *Os poemas inconjuntos*, sendo que os últimos versos são de Lisboa, quando já se encontrava gravemente doente, acometido de tuberculose.

Acima de tudo, Caeiro é o poeta da Natureza. Seus versos captam um modo de estar no mundo muito próprio, muito peculiar e, aí, ele elimina tudo o que for pensamento ou transcendência: para o poeta, não existe interioridade.

> Há metafísica bastante em não pensar em nada.
> O que penso eu do mundo?
> Sei lá o que penso do mundo!
> Se eu adoecesse pensaria nisso.
> Que idéia tenho eu das coisas?
> Que opinião tenho sobre as causas e os efeitos?
> Que tenho eu meditado sobre Deus e a alma

> E sobre a criação do Mundo?
> [...]
> O mistério das coisas? Sei lá o que é mistério!
> O único mistério é haver quem pense no mistério.
> [...]
> Metafísica? Que metafísica têm aquelas árvores?
> [...]
> Mas que melhor metafísica que a delas,
> Que é a de não saber para que vivem
> Nem saber que o não sabem?
> "Constituição íntima das coisas"...
> "Sentido íntimo do Universo"...
> Tudo isto é falso, tudo isto não quer dizer nada.
> [...]

Quer dizer: para Caeiro, só existe a realidade mesma, palpável, visível, percebida pelos sentidos. Pensar é estar doente, não há razão para pensar e, porque não há razão para pensar, faz pouco da filosofia, da religião e da poesia: "O único mistério é haver quem pense nos mistérios", e quem pensa nos mistérios são aqueles incapazes de perceber a Natureza, que vale mais do que os seus pensamentos. A Natureza, para ele, é perfeita, ela "não sabe o que faz", não pensa e "por isso não erra e é comum e boa".

Segundo o poeta, "O único sentido íntimo das coisas / É elas não terem sentido íntimo nenhum". É como Caeiro nega o mistério do mundo:

> O mistério das coisas, onde está ele?
> Onde está ele que não aparece
> Pelo menos a mostrar-nos que é mistério?
> [...]
> Porque o único sentido oculto das coisas
> É elas não terem sentido oculto nenhum,

> É mais estranho do que todas as estranhezas
> E do que os sonhos de todos os poetas
> E os pensamentos de todos os filósofos,
> Que as coisas sejam realmente o que parecem ser
> E não haja nada que compreender.
>
> Sim, eis o que os meus sentidos aprenderam sòzinhos: –
> As coisas não têm significação: têm existência.
> As coisas são o único sentido oculto das coisas.

Ao negar o mistério das coisas, Alberto Caeiro se torna diferente de todos os outros heterônimos e do próprio Pessoa, os seus discípulos; ele não quer a interferência da memória ou do pensamento no seu contato com a Natureza, procurando com ela uma relação direta, feita apenas da sensação pura, do que ouve, do que vê. Caeiro é o mestre dos outros heterônimos porque possui a sabedoria natural e a calma que seus discípulos não têm. Com seu objetivismo total, ele representa para os demais uma fonte de inspiração e de segurança. Como homem puro e primitivo, ele traz verdades inquestionáveis ao propor o conhecimento objetivo do mundo, ou seja, um conhecimento que se dá através de sensações. A vida, para Caeiro, é o "puro sentir", captado essencialmente pela visão. Este é o seu maior ensinamento: "O essencial é saber ver [...] saber ver quando se vê, e nem pensar quando se vê, nem ver quando se pensa". Assim, o que o faz mestre é um outro modo de ver as coisas, criando uma nova filosofia, segundo Campos: "a primitividade das sensações".

Essa forma de estar no mundo recai, inclusive, sobre a sua relação com Deus. Caeiro é, antes de tudo, anticristão; recusando a crença fundada no pecado original, ele cria o neopaganismo, movimento filosófico, político e estético que terá Ricardo Reis, o poeta clássico da "família" criada por Fernando Pessoa, como seguidor; Reis buscará na antigüidade greco-romana a objetividade pura que, segundo sua ótica, o Cristianismo arruinou.

Na verdade, o saber e a crença de Alberto Caeiro estão ligados à Natureza e à vida simples no Ribatejo*, e ele termina enquadrando Deus nessa concepção de vida:

> [...]
> Não acredito em Deus porque nunca o vi.
> Se ele quisesse que eu acreditasse nele,
> Sem dúvida que viria falar comigo
> E entraria pela minha porta dentro
> Dizendo-me, *Aqui estou!*
> [...]
>
> Mas se Deus é as flores e as árvores
> E os montes e sol e o luar,
> Então acredito nele,
> Então acredito nele a toda a hora,
> E a minha vida é toda uma oração e uma missa,
> E uma comunhão com os olhos e pelos ouvidos.
> Mas se Deus é as árvores e as flores
> E os montes e o luar e o sol,
> Para que lhe chamo eu Deus?
> [...]

---

* O Ribatejo é uma região portuguesa formada por férteis planícies banhadas pelo rio Tejo, tendo se destacado (e ainda assim é hoje) por seus rebanhos. Alberto Caeiro é um pastor, então, que melhor local para fazê-lo viver se não o Ribatejo?

O que esse homem do campo busca é a inocência primitiva, aquela que não se baseia em crenças, em pressupostos, em explicações racionais, é apenas um modo de viver sem complicar a vida, é a extrema simplicidade.

> O que nós vemos das coisas são as coisas.
> Por que veríamos nós uma coisa se houvesse outra?
> Por que é que ver e ouvir seria iludirmo-nos
> Se ver e ouvir são ver e ouvir?
>
> O essencial é saber ver,
> Saber ver sem estar a pensar,
> Saber ver quando se vê,
> E nem pensar quando se vê,
> Nem ver quando se pensa. [...]

Apesar da simplicidade aparente, esse posicionamento diante da vida requer aprendizagem, a aprendizagem do desaprender:

> [...]
> Procuro despir-me do que aprendi,
> Procuro esquecer-me do modo de lembrar que me
> [ensinaram,
> E raspar a tinta com que me pintaram os sentidos,
> Desencaixotar as minhas emoções verdadeiras,
> Desembrulhar-me e ser eu, não Alberto Caeiro,
> Mas um animal humano que a Natureza produziu.
> E assim escrevo, querendo sentir a Natureza, nem
> [sequer como um homem,
> Mas como quem sente a Natureza, e mais nada.
> [...]

Mas isso também faz de Caeiro um sujeito solitário, para quem "Ser poeta não é uma ambição minha. / É a minha maneira de estar sozinho".

É bem verdade que os seis poemas iniciais de *O pastor amoroso* confundem um pouco as teorias de *O guardador de rebanhos*. De repente, vemos o poeta dizer coisas como "Amar é pensar / E eu quase que me esqueço de sentir só de pensar nela". É que o personagem pessoano também não consegue resistir, como qualquer comum mortal, às armadilhas do amor. E, cá entre nós, isso o torna ainda mais especial.

De qualquer modo, Alberto Caeiro é, como bem afirma Ricardo Reis, "um outro universo", um verdadeiro mestre, o que talvez explique o tom de parábola de seus versos, mas, acima de tudo, um entusiasta da simplicidade, da serenidade e da nitidez das coisas. Álvaro de Campos diz que o "que o mestre Caeiro me ensinou foi a ter clareza; equilíbrio, organismo no delírio e no desvairamento, e também me ensinou a não procurar ter filosofia nenhuma..."[2]

"A um mundo mergulhado em diversos géneros de subjectivismo [Caeiro] vem trazer o Objectivismo [...] A um mundo ultracivilizado vem restituir a Natureza Absoluta. A um mundo afundado em humanitarismos, em problemas de operários, em sociedades éticas, em movimentos sociais, traz um desprezo absoluto pelo destino e pela vida do homem, o que, se pode considerar-se excessivo, é afinal natural para ele e um correctivo magnífico"[3], afirma Fernando Pessoa.

---

2. Ibid, p. 405
3. Ibid, p. 375

Mas, apesar do que dele dizem os discípulos, é Caeiro quem consegue expressar sua verdadeira importância: "Trago ao Universo um novo Universo/ Porque trago ao Universo ele-próprio".

***

O espólio de Fernando Pessoa conta com aproximadamente 27.500 documentos. Embora haja textos assinados e textos não-assinados, mas atribuídos, pelo próprio criador, aos heterônimos, grande quantidade deles não é atribuída a heterônimos, assim como não é assinada. E a grande maioria das poesias, hoje publicadas, de Fernando Pessoa, foram encontradas na arca, ainda inéditas. Da obra dos heterônimos, havia apenas uma compilação reunida e assinada por um heterônimo, Alberto Caeiro: um conjunto de poesias sob o título de "O guardador de rebanhos", um manuscrito único, que consta desta edição de forma completa. Quanto aos demais poemas de "O pastor amoroso" e "Poemas inconjuntos", o poeta também os deixou em um maço de originais sob a atribuição de "Poemas de Alberto Caeiro". As obras de Ricardo Reis e de Álvaro de Campos, e mesmo do semi-heterônimo Bernardo Soares, vêm sendo montadas aos poucos por aqueles que têm tido acesso ao espólio. Isso, por um lado, impede que se fale em obra completa e definitiva e, por outro, traz discussões e mesmo dúvidas entre os chamados poemas "atribuíveis" a um heterônimo, não havendo, muitas vezes, consonância de opiniões entre os estudiosos. No caso de Caeiro, algumas edições têm escolhido acrescentar ao corpo de poemas que Fernando Pessoa deixou assinados pelo mestre-pastor versos que lhe poderiam ser atribuídos, devido à temática, ao tratamento, à visão de vida, etc. Este livro que a L&PM ora apresenta ao leitor consiste de uma edição de poemas atribuídos ao mestre pelo próprio Fernando Pessoa. A única exceção são dois poemas (anotados) encontrados na famosa arca por Teresa Sobral Cunha e publicados somente na década de 90, que acrescentamos a *O pastor amoroso*. Para os demais poemas, embora tenhamos utilizado como base para essa recolha de textos a edição das obras completas de Fernando Pessoa organizada pela editora Ática Portuguesa, diferentemente daquela, separamos as poesias em três conjuntos: *O guardador de rebanhos* (1911-1912), constituído de 49 poemas ou subconjuntos; *O pastor amoroso* (1914-1930) (cujos poemas, lá, aparecem em *Poemas inconjuntos*) e, finalmente, *Poemas inconjuntos* (1913-1915).

As poesias de Pessoa encontradas na arca – ou seja, quase a totalidade da sua obra – apresentam, às vezes, versos ou mesmo poemas quase inteiros anotados com pequenas alterações feitas pelo próprio poeta. A esses versos ou poemas com alterações chamamos variantes e colocamos em nota de rodapé. Por último, mantivemos a ortografia utilizada por Fernando Pessoa.

JANE TUTIKIAN

O guardador de rebanhos

(1911-1912)[4]

---

4. Embora *O guardador de rebanhos* traga essas datas, os poemas I, II, XXV, XXVI, XL, XLI, XLII, XLIII, XLIV, e XLVI são datados, pelo autor, de 1914.

I

Eu nunca guardei rebanhos,
Mas é como se os guardasse.
Minha alma é como um pastor,
Conhece o vento e o sol
E anda pela mão das Estações
A seguir e a olhar.
Toda a paz da Natureza sem gente
Vem sentar-se a meu lado.
Mas eu fico triste como um pôr-do-sol
Para a nossa imaginação,
Quando esfria no fundo da planície
E se sente a noite entrada
Como uma borboleta pela janela.

Mas a minha tristeza é sossego
Porque é natural e justa
E é o que deve estar na alma
Quando já pensa que existe
E as mãos colhem flores sem ela dar por isso.
Com um ruído de chocalhos
Para além da curva da estrada,
Os meus pensamentos são contentes.
Só tenho pena de saber que eles são
                              [contentes,
Porque, se o não soubesse,
Em vez de serem contentes e tristes,
Seriam alegres e contentes.

31

Pensar incomoda como andar à chuva
Quando o vento cresce e parece que
 [chove mais.

Não tenho ambições nem desejos.
Ser poeta não é uma ambição minha.
É a minha maneira de estar sòzinho.

E se desejo às vezes,
Por imaginar, ser cordeirinho
(Ou ser o rebanho todo
Para andar espalhado por toda a encosta
A ser muita coisa feliz ao mesmo tempo),
É só porque sinto o que escrevo ao
 [pôr-do-sol,
Ou quando uma nuvem passa a mão
 [por cima da luz
E corre um silêncio pela erva fora.

Quando me sento a escrever versos
Ou, passeando pelos caminhos ou
 [pelos atalhos,
Escrevo versos num papel que está no meu
 [pensamento,
Sinto um cajado nas mãos
E vejo um recorte de mim
No cimo dum outeiro,
Olhando para o meu rebanho e vendo
 [as minhas ideias,

Ou olhando para as minhas ideias e vendo
                    [o meu rebanho,
E sorrindo vagamente como quem não
                    [compreende o que se diz
E quer fingir que compreende.

Saúdo todos os que me lerem,
Tirando-lhes o chapéu largo
Quando me vêem à minha porta
Mal a diligência levanta no cimo do outeiro.
Saúdo-os e desejo-lhes sol,
E chuva, quando a chuva é precisa,
E que as suas casas tenham
Ao pé duma janela aberta
Uma cadeira predilecta
Onde se sentem, lendo os meus versos.
E ao lerem os meus versos pensem
Que sou qualquer coisa natural –
Por exemplo, a árvore antiga
À sombra da qual quando crianças
Se sentavam com um baque, cansados
                    [de brincar,
E limpavam o suor da testa quente
Com a manga do bibe riscado.[5]

---

5. Publicado na revista *Atena*, n. 4, janeiro de 1925. Observe-se que Caeiro é, acima de tudo, um solitário: escrever é a sua forma de estar sozinho.

II

O meu olhar é nítido como um girassol.
Tenho o costume de andar pelas estradas
Olhando para a direita e para a esquerda,
E de vez em quando olhando para trás...
E o que vejo a cada momento
É aquilo que nunca antes eu tinha visto,
E eu sei dar por isso muito bem...
Sei ter o pasmo essencial
Que tem uma criança se, ao nascer,
Reparasse que nascera deveras...
Sinto-me nascido a cada momento
Para a eterna novidade do Mundo...

Creio no mundo como num malmequer,
Porque o vejo. Mas não penso nele
Porque pensar é não compreender...
O Mundo não se fez para pensarmos nele
(Pensar é estar doente dos olhos)
Mas para olharmos para ele e estarmos
[de acordo...

Eu não tenho filosofia: tenho sentidos...
Se falo na Natureza não é porque saiba
[o que ela é,
Mas porque a amo, e amo-a por isso,
Porque quem ama nunca sabe o que ama
Nem sabe porque ama, nem o que é amar...

Amar é a eterna inocência,
E a única inocência é não pensar...[6]

III

Ao entardecer, debruçado pela janela,
E sabendo de soslaio que há campos em frente.
Leio até me arderem os olhos
O livro de Cesário Verde.

Que pena que tenho dele! Ele era um camponês
Que andava preso em liberdade pela cidade.
Mas o modo como olhava para as casas,
E o modo como reparava nas ruas,
E a maneira como dava pelas coisas,
É o de quem olha para árvores,
E de quem desce os olhos pela estrada
                          [por onde vai andando
E anda a reparar nas flores que há
                          [pelos campos...

---

6. Variantes: 1º v. – Onde eu olho tudo está nítido como um girassol.

8º v. – Sei ter o pasmo comigo.

12º v. – Para a [1ª variante: serena; 2ª: futura; 3ª: súbita; 4ª: grande; 5ª: completa] novidade do mundo.

24º v. – Amar é a [1ª variante: perpétua; 2ª: grande; 3ª: primeira] inocência.

25º v. – E toda a inocência é não pensar...

Por isso ele tinha aquela grande tristeza
Que ele nunca disse bem que tinha,
Mas andava na cidade como quem anda
                              [no campo
E triste como esmagar flores em livros
E pôr plantas em jarros...[7]

IV

Esta tarde a trovoada caiu
Pelas encostas do céu abaixo
Como um pedregulho enorme...
Como alguém que duma janela alta
Sacode uma toalha de mesa,
E as migalhas, por caírem todas juntas,
Fazem algum barulho ao cair,
A chuva chovia do céu
E enegreceu os caminhos...

---

7. Variantes :2º v. – E sabendo [1ª variante: de cima; 2ª: por cima dos olhos] que há campos em frente.

9º v. – E a maneira como dava pelas pessoas.

12º v. – E [1ª variante: se vê; 2ª: vê que está] a reparar nas flores que há pelos campos.

15º v. – Mas andava na cidade como quem não anda no campo.

Quando os relâmpagos sacudiam o ar
E abanavam o espaço
Como uma grande cabeça que diz que não,
Não sei porquê – eu não tinha medo –
Pus-me a rezar a Santa Bárbara
Como se eu fosse a velha tia de alguém...

Ah! é que rezando a Santa Bárbara
Eu sentia-me ainda mais simples
Do que julgo que sou...
Sentia-me familiar e caseiro
E tendo passado a vida
Tranquilamente, como o muro do quintal;
Tendo ideias e sentimentos por os ter
Como uma flor tem perfume e cor...

Sentia-me alguém que possa acreditar em
                          [Santa Bárbara...
Ah, poder crer em Santa Bárbara!

(Quem crê que há Santa Bárbara,
Julgará que ela é gente visível
Ou que julgará dela?)

(Que artifício! Que sabem
As flores, as árvores, os rebanhos,
De Santa Bárbara?... Um ramo de árvore,
Se pensasse, nunca podia
Construir santos nem anjos...

Poderia julgar que o sol
É Deus, e que a trovoada
É uma quantidade de gente
Zangada por cima de nós...
Ah, como os mais simples dos homens
São doentes e confusos e estúpidos
Ao pé da clara simplicidade
E saúde em existir
Das árvores e das plantas!)

E eu, pensando em tudo isto,
Fiquei outra vez menos feliz...
Fiquei sombrio e adoecido e soturno
Como um dia em que todo o dia a trovoada
                              [ameaça
E nem sequer de noite chega...[8]

---

8. Variantes: 14º v. – Quis-me a querer rezar a Santa Bárbara.
17º v. – Eu sentir-me-ia ainda mais simples.
19º v. – Sentir-me-ia familiar e caseiro.
21º v. – Tranquilamente, quanto ao muro do quintal.
35º v. – Alumia, e que a trovoada.
36º v. – É um barulho repentino.
37º v. – Que principia com luz.
41º v. – E saúde de existir.

V

Há metafísica bastante em não pensar
[em nada.

O que penso eu do mundo?
Sei lá o que penso do mundo!
Se eu adoecesse pensaria nisso.

Que ideia tenho eu das coisas?
Que opinião tenho sobre as causas
[e os efeitos?
Que tenho eu meditado sobre Deus e a alma
E sobre a criação do Mundo?
Não sei. Para mim pensar nisso é fechar
[os olhos
E não pensar. É correr as cortinas
Da minha janela (mas ela não tem cortinas).

O mistério das coisas? Sei lá o que é mistério!
O único mistério é haver quem pense no
[mistério
Quem está ao sol e fecha os olhos,
Começa a não saber o que é o sol
E a pensar muitas coisas cheias de calor.
Mas abre os olhos e vê o sol,
E já não pode pensar em nada,
Porque a luz do sol vale mais que
[os pensamentos

De todos os filósofos e de todos os poetas.
A luz do sol não sabe o que faz
E por isso não erra e é comum e boa.

Metafísica? Que metafísica têm aquelas
                              [árvores
A de serem verdes e copadas e de terem ramos
E a de dar fruto na sua hora, o que não nos
                              [faz pensar,
A nós, que não sabemos dar por elas.
Mas que melhor metafísica que a delas,
Que é a de não saber para que vivem
Nem saber que o não sabem?

"Constituição íntima das coisas"...
"Sentido íntimo do Universo"...
Tudo isto é falso, tudo isto não quer dizer nada.
É incrível que se possa pensar em coisas dessas.
É como pensar em razões e fins
Quando o começo da manhã está raiando,
                            [e pelos lados das árvores
Um vago ouro lustroso vai perdendo
                                    [a escuridão.

Pensar no sentido íntimo das coisas
É acrescentado, como pensar na saúde
Ou levar um copo a água das fontes.
O único sentido íntimo das coisas
É elas não terem sentido íntimo nenhum.

Não acredito em Deus porque nunca o vi.
Se ele quisesse que eu acreditasse nele,
Sem dúvida que viria falar comigo
E entraria pela minha porta dentro
Dizendo-me, *Aqui estou*!

(Isto é talvez ridículo aos ouvidos
De quem, por não saber o que é olhar para
						as coisas,
Não compreende quem fala delas
Com o modo de falar que reparar
						[para elas ensina).

Mas se Deus é as flores e as árvores
E os montes e sol e o luar,
Então acredito nele,
Então acredito nele a toda a hora,
E a minha vida é toda uma oração
						[e uma missa,
E uma comunhão com os olhos e
						[pelos ouvidos.

Mas se Deus é as árvores e as flores
E os montes e o luar e o sol,
Para que lhe chamo eu Deus?
Chamo-lhe flores e árvores e montes
						[e sol e luar;
Porque, se ele se fez, para eu o ver,
Sol e luar e flores e árvores e montes,

41

Se ele me aparece como sendo árvores e montes
E luar e sol e flores,
É que ele quer que eu o conheça
Como árvores e montes e flores e luar e sol.

E por isso eu obedeço-lhe,
(Que mais sei eu de Deus que Deus
                        [de si próprio?),
Obedeço-lhe a viver, espontâneamente,
Como quem abre os olhos e vê,
E chamo-lhe luar e sol e flores
                    [e árvores e montes,
E amo-o sem pensar nele,
E penso-o vendo e ouvindo,
E ando com ele a toda a hora.[9]

---

9. Esta ode – publicada na revista *Atena*, n. 4, janeiro de 1925 – é uma das mais importantes de *O guardador de rebanhos*, porque sintetiza todo o pensamento de Alberto Caeiro. O primeiro verso é, já, o verso inaugural do projeto do poeta, a celebração da realidade mesma, visível, percebida pelos sentidos, em oposição ao ideal concebido pelo espírito. Veja-se que ele relaciona o pensar à doença, e, aí, faz pouco das relações filosóficas de causa e efeito, das entidades teológicas e da explicação da criação do mundo. Ataca os filósofos e os poetas – "O único mistério é haver quem pense nos mistérios" –, incapazes que são de perceber a luz do sol (aqui representando a Natureza, que não pensa "E por isso não erra e é comum e boa"). Assim, toda a transcendência é inútil, até porque "O único sentido íntimo das coisas / É elas não terem sentido íntimo nenhum". Eis como Caeiro nega o mistério do mundo e, nisso, ele é diferente de todos os outros heterônimos e do próprio Fernando Pessoa.

VI

Pensar em Deus é desobedecer a Deus,
Porque Deus quis que o não conhecêssemos,
Por isso se nos não mostrou...

Sejamos simples e calmos,
Como os regatos e as árvores,
E Deus amar-nos-á fazendo de nós
Belos como as árvores e os regatos,
E dar-nos-á verdor na sua primavera,
E um rio aonde ir ter quando acabemos!...[10]

VII

Da minha aldeia vejo quanto da terra se pode
　　　　　　　[ver do Universo...
Por isso a minha aldeia é tão grande como
　　　　　　　[outra terra qualquer,
Porque eu sou do tamanho do que vejo
E não do tamanho da minha altura...

---

10. Variantes: 7º v. – Belos como as árvores são árvores.
8º v. – E como os regatos são regatos na sua primavera.
Observe-se que Caeiro enquadra a noção de Deus na sua própria concepção de vida.

Nas cidades a vida é mais pequena
Que aqui na minha casa no cimo deste
                          [outeiro.
Na cidade as grandes casas fecham a vista
                          [à chave,
Escondem o horizonte, empurram o nosso
                    [olhar para longe de todo o céu,
Tornam-nos pequenos porque nos tiram o
                    [que os nossos olhos nos podem dar,
E tornam-nos pobres porque a nossa única
                          [riqueza é ver.[11]

VIII

Num meio-dia de fim de Primavera
Tive um sonho como uma fotografia.
Vi Jesus Cristo descer à terra.

Veio pela encosta de um monte
Tornado outra vez menino,
A correr e a rolar-se pela erva
E a arrancar flores para as deitar fora
E a rir de modo a ouvir-se de longe.

---

11. Variantes: 6º v. – Que aqui na minha casa a meio deste outeiro.

7º v. – Na cidade as grandes casas prendem a vista à chave.

Tinha fugido do céu.
Era nosso demais para fingir
De segunda pessoa da Trindade.
No céu era tudo falso, tudo em desacordo
Com flores e árvores e pedras.
No céu tinha que estar sempre sério
E de vez em quando de se tornar outra vez
                              [homem
E subir para a cruz, e estar sempre a morrer
Com uma coroa toda à roda de espinhos
E os pés espetados por um prego com
                              [cabeça,
E até com um trapo à roda da cintura
Como os pretos nas ilustrações.
Nem sequer o deixavam ter pai e mãe
Como as outras crianças.
O seu pai era duas pessoas –
Um velho chamado José, que era carpinteiro,
E que não era pai dele;
E o outro pai era uma pomba estúpida,
A única pomba feia do mundo
Porque não era do mundo nem era pomba.
E a sua mãe não tinha amado antes de o ter.
Não era mulher: era uma mala
Em que ele tinha vindo do céu.
E queriam que ele, que só nascera da mãe,
E nunca tivera pai para amar com respeito,
Pregasse a bondade e a justiça!

Um dia que Deus estava a dormir
E o Espírito-Santo anda a voar,
Ele foi à caixa dos milagres e roubou três.
Com o primeiro fez que ninguém soubesse
               [que ele tinha fugido.
Com o segundo criou-se eternamente
               [humano e menino.
Com o terceiro criou um Cristo
               [eternamente na cruz
E deixou-o pregado na cruz que há no céu
E serve de modelo às outras.
Depois fugiu para o sol
E desceu pelo primeiro raio que apanhou.
Hoje vive na minha aldeia comigo.
É uma criança bonita de riso e natural.
Limpa o nariz ao braço direito,
Chapinha nas poças de água,
Colhe as flores e gosta delas e esquece-as.
Atira pedras aos burros,
Rouba a fruta dos pomares
E foge a chorar e a gritar dos cães.
E, porque sabe que elas não gostam
E que toda a gente acha graça,
Corre atrás das raparigas
Que vão em ranchos pelas estradas
Com as bilhas às cabeças
E levanta-lhes as saias.

A mim ensinou-me tudo.
Ensinou-me a olhar para as coisas.
Aponta-me todas as coisas que há nas
                                 [flores.
Mostra-me como as pedras são
                                 [engraçadas
Quando a gente as tem na mão
E olha devagar para elas.

Diz-me muito mal de Deus.
Diz que ele é um velho estúpido e doente,
Sempre a escarrar no chão
E a dizer indecências.
A Virgem-Maria leva as tardes da eternidade
                                 [a fazer meia.
E o Espírito-Santo coça-se com o bico
E empoleira-se nas cadeiras e suja-as.
Tudo no céu é estúpido como a
                                 [Igreja Católica.
Diz-me que Deus não percebe nada
Das coisas que criou –
"Se é que ele as criou, do que duvido" –.
"Ele diz, por exemplo, que os seres cantam
                                 [a sua glória,
Mas os seres não cantam nada.
Se cantassem seriam cantores.
Os seres existem e mais nada,
E por isso se chamam seres".
E depois, cansado de dizer mal de Deus,

O Menino Jesus adormece nos meus braços
E eu levo-o ao colo para casa.
… … … … … … … …
Ele mora comigo na minha casa a meio
                            [do outeiro.
Ele é a Eterna Criança, o deus que faltava.
Ele é o humano que é natural,
Ele é o divino que sorri e que brinca.
E por isso é que eu sei com toda a certeza
Que ele é o Menino Jesus verdadeiro.

E a criança tão humana que é divina
É esta minha quotidiana vida de poeta,
E é porque ele anda sempre comigo que
                            [eu sou poeta sempre.
E que o meu mínimo olhar
Me enche de sensação,
E o mais pequeno som, seja do que for,
Parece falar comigo.

A Criança Nova que habita onde vivo
Dá-me uma mão a mim
E a outra a tudo que existe
E assim vamos os três pelo caminho
                            [que houver,
Saltando e cantando e rindo
E gozando o nosso segredo comum
Que é o de saber por toda a parte

Que não há mistério no mundo
E que tudo vale a pena.

A Criança Eterna acompanha-me sempre.
A direcção do meu olhar é o seu
                    [dedo apontando.
O meu ouvido atento alegremente
                    [a todos os sons
São as cócegas que ele me faz, brincando,
                    [nas orelhas.

Damo-nos tão bem um com o outro
Na companhia de tudo
Que nunca pensamos um no outro,
Mas vivemos juntos e dois
Com um acordo íntimo
Como a mão direita e a esquerda.

Ao anoitecer brincamos as cinco pedrinhas
No degrau da porta de casa,
Graves como convém a um deus e a um poeta,
E como se cada pedra
Fosse todo um universo
E fosse por isso um grande perigo para ela
Deixá-la cair no chão.

Depois eu conto-lhe histórias das coisas
                    [só dos homens
E ele sorri, porque tudo é incrível.

Ri dos reis e dos que não são reis,
E tem pena de ouvir falar das guerras,
E dos comércios, e dos navios
Que ficam fumo no ar dos altos mares.
Porque ele sabe que tudo isso falta
                            [àquela verdade
Que uma flor tem ao florescer
E que anda com a luz do sol
A variar os montes e os vales
E a fazer doer aos olhos os muros caiados.

Depois ele adormece e eu deito-o.
Levo-o ao colo para dentro de casa
E deito-o, despindo-o lentamente
E como seguindo um ritual muito limpo
E todo materno até ele estar nu.

Ele dorme dentro da minha alma
E às vezes acorda de noite
E brinca com os meus sonhos.
Vira uns de pernas para o ar,
Põe uns em cima dos outros
E bate as palmas sòzinho
Sorrindo para o meu sono.
... ...
Quando eu morrer, filhinho,
Seja eu a criança, o mais pequeno.
Pega-me tu ao colo
E leva-me para dentro da tua casa.

Despe o meu ser cansado e humano
E deita-me na tua cama.
E conta-me histórias, caso eu acorde,
Para eu tornar a adormecer.
E dá-me sonhos teus para eu brincar
Até que nasça qualquer dia
Que tu sabes qual é.
… … … … … … …
Esta é a história do meu Menino Jesus.
Por que razão que se perceba
Não há-de ser ela mais verdadeira
Que tudo quanto os filósofos pensam
E tudo quanto as religiões ensinam?[12]

IX

Sou um guardador de rebanhos.
O rebanho é os meus pensamentos
E os meus pensamentos são todos sensações
Penso com os olhos e com os ouvidos
E com as mãos e os pés
E com o nariz e a boca.

---

12. Essa é uma das odes mais bonitas e mais ternas de Alberto Caeiro. O poeta opõe-se à significação oculta de Cristo. Quer dizer: não nega a sua dimensão divina –, como não nega a dimensão do mundo, a do homem, a da vida – mas transforma-o em presença e, amando-o, criança, anda "com ele a toda a hora".

Pensar uma flor é vê-la e cheirá-la
E comer um fruto é saber-lhe o sentido.

Por isso quando num dia de calor
Me sinto triste de gozá-lo tanto,
E me deito ao comprido na erva,
E fecho os olhos quentes,
Sinto todo o meu corpo deitado na realidade,
Sei a verdade e sou feliz.[13]

X

"Olá, guardador de rebanhos,
Aí à beira da estrada,
Que te diz o vento que passa?"

"Que é vento, e que passa,
E que já passou antes,
E que passará depois.
E a ti o que te diz?"

"Muita coisa mais do que isso,
Fala-me de muitas outras coisas.
De memórias e de saudades
E de coisas que nunca foram".

---

13. Publicado na revista *Atena*, n. 4, janeiro de 1925.

"Nunca ouviste passar o vento.
O vento só fala do vento.
O que lhe ouviste foi mentira,
E a mentira está em ti".[14]

XI

Aquela senhora tem um piano
Que é agradável mas não é o correr dos rios
Nem o murmúrio que as árvores fazem...

Para que é preciso ter um piano?
O melhor é ter ouvidos
E amar a Natureza.[15]

XII

Os pastores de Virgílio tocavam avenas
                            [e outras coisas
E cantavam de amor literàriamente.
(Depois – eu nunca li Virgílio.
Para que o havia eu de ler?).

---

14. Publicado na revista *Atena*, n. 4, janeiro de 1925.

15. Variantes: 2º v. – Que é bom de ouvir mas não é não o correr dos rios.

6º v. – E ouvir bem só os sons que nascem.

Mas os pastores de Virgílio, coitados,
[são Virgílio,
E a Natureza é bela e antiga.

XIII

Leve, leve, muito leve,
Um vento muito leve passa,
E vai-se, sempre muito leve.
E eu não sei o que penso
Nem procuro sabê-lo.[16]

XIV

Não me importo com as rimas. Raras vezes
Há duas árvores iguais, uma ao lado da outra.
Penso e escrevo como as flores têm cor
Mas com menos perfeição no meu modo
[de exprimir-me
Porque me falta a simplicidade divina
De ser todo só o meu exterior

Olho e comovo-me,
Comovo-me como a água corre quando
[o chão é inclinado,

---
16. Publicado na revista *Atena*, n. 4, janeiro de 1925.

E a minha poesia é natural como
                [o levantar-se o vento...[17]

XV

As quatro canções que seguem
Separam-se de tudo o que eu penso,
Mentem a tudo o que eu sinto,
São do contrário do que eu sou...

Escrevi-as estando doente
E por isso elas são naturais
E concordam com aquilo que sinto,
Concordam com aquilo com que
                [não concordam...
Estando doente devo pensar o contrário
Do que penso quando estou são.
(Senão não estaria doente),
Devo sentir o contrário do que sinto
Quando sou eu na saúde,
Devo mentir à minha natureza
De criatura que sente de certa maneira...

---

17. Variantes: 1º v. – Não me importo com as rimas. Nenhumas vezes.
5º v. – Porque me falta a simplicidade [1ª variante: simples; 2ª: natural].
9º v. – E o que escrevo é natural como o levantar-se vento.

Devo ser todo doente – ideias e tudo.
Quando estou doente, não estou doente
                [para outra coisa.

Por isso essas canções que me renegam
Não são capazes de me renegar
E são a paisagem da minha alma de noite,
A mesma ao contrário...[18]

XVI

Quem me dera que a minha vida fosse
                [um carro de bois
Que vem a chiar, manhãzinha cedo,
                [pela estrada.
E que para de onde veio volta depois
Quase à noitinha pela mesma estrada.

Eu não tinha que ter esperanças – tinha só
                [que ter rodas...
A minha velhice não tinha rugas nem
                [cabelo branco...

---

18. Variantes: 13º v. – Quando sou eu [1ª variante: e; 2ª: com] saúde.
20º v. – Quão o campo da minha maneira de noite.
21º v. – [1ª variante: a pessoa e a noite; 2ª: a pessoa e mais a noite].

Quando eu já não servia, tiravam-me as rodas
E eu ficava virado e partido no fundo
                    [de um barranco.

XVII

No meu prato que mistura de Natureza!
As minhas irmãs as plantas,
As companheiras das fontes, as santas
A quem ninguém reza...

E cortam-se e vêm à nossa mesa
E nos hotéis os hóspedes ruidosos,
Que chegam com correias tendo mantas
Pedem "Salada", descuidosos...,

Sem pensar que exigem à Terra-Mãe
A sua frescura e os seus filhos primeiros,
As primeiras verdes palavras que ela tem,
As primeiras coisas vivas e irisantes
Que Noé viu
Quando as águas desceram e o cimo
                      [dos montes
Verde e alagado surgiu
E no ar por onde a pomba apareceu
O arco-íris seesbateu...

XVIII

Quem me dera que eu fosse o pó da estrada
E que os pés dos pobres me estivessem
                        [pisando...

Quem me dera que eu fosse os rios
                        [que correm
E que as lavadeiras estivessem
                        [à minha beira...

Quem me dera que eu fosse os choupos
                        [à margem do rio
E tivesse só o céu por cima e a água
                        [por baixo...

Quem me dera que eu fosse o burro
                        [do moleiro
E que ele me batesse e me estimasse...

Antes isso que ser o que atravessa a vida
Olhando para trás de si e tendo pena...

XIX

O luar quando bate na relva
Não sei que coisa me lembra...
Lembra-me a voz da criada velha

Contando-me contos de fadas.
E de como Nossa Senhora vestida de mendiga
Andava à noite nas estradas
Socorrendo as crianças maltratadas...

Se eu já não posso crer que isso é verdade
Para que bate o luar na relva?

XX

O Tejo é mais belo que o rio que corre pela
                              [minha aldeia,
Mas o Tejo não é mais belo que o rio que
                              [corre pela minha aldeia
Porque o Tejo não é o rio que corre pela
                              [minha aldeia,

O Tejo tem grandes navios
E navega nele ainda,
Para aqueles que vêem em tudo o que lá
                              [não está,
A memória das naus.

O Tejo desce de Espanha
E o Tejo entra no mar em Portugal.
Toda a gente sabe isso.
Mas poucos sabem qual é o rio da minha
                              [aldeia

E para onde ele vai
E donde ele vem.
E por isso, porque pertence a menos gente,
É mais livre e maior o rio da minha aldeia.

Pelo Tejo vai-se para o Mundo.
Para além do Tejo há a América
E a fortuna daqueles que a encontram.
Ninguém nunca pensou no que há para além
Do rio da minha aldeia.

O rio da minha aldeia não faz pensar
                                      [em nada.
Quem está ao pé dele está só ao pé dele.[19]

XXI

Se eu pudesse trincar a terra toda
E sentir-lhe um paladar,
Seria mais feliz um momento...
Mas eu nem sempre quero ser feliz.
É preciso ser de vez em quando infeliz
Para se poder ser natural...

Nem tudo é dias de sol,
E a chuva, quando falta muito, pede-se

---

19. Publicado na revista *Atena*, n. 4, janeiro de 1925.

– Por isso tomo a infelicidade com a felicidade
Naturalmente, como quem não estranha
Que haja montanhas e planícies
E que haja rochedos e erva...

O que é preciso é ser-se natural e calmo
Na felicidade ou na infelicidade,
Sentir como quem olha,
Pensar como quem anda,
E quando se vai morrer, lembrar-se de que
                              [o dia morre,
E que o poente é belo e é bela a noite
                              [que fica...
Assim é e assim seja...[20]

XXII

Como quem num dia de Verão abre a porta
                              [de casa
E espreita para o calor dos campos com a cara
                              [toda,
Às vezes, de repente, bate-me a Natureza
                              [de chapa

---

20. Variantes: 1º v. – E se a terra fosse uma coisa para trincar.
19º v. – [1ª variante: assim é, por isso assim seja; 2ª: e que se assim é, é porque é assim].

Na cara dos meus sentidos,
E eu fico confuso, perturbado, querendo
                              [perceber
Não sei bem como nem o quê...

Mas quem me mandou a mim querer perceber?
Quem me disse que havia que perceber?

Quando o Verão me passa pela cara
A mão leve e quente da sua brisa,
Só tenho que sentir agrado porque é brisa
Ou que sentir desagrado porque é quente,
E de qualquer maneira que eu o sinta,
Assim, porque assim o sinto, é que é
                         [meu dever senti-lo...[21]

XXIII

O meu olhar azul como o céu
É calmo como a água ao sol.
É assim, azul e calmo,
Porque não interroga nem se espanta...

Se eu interrogasse e me espantasse

---

21. 4º v. – Na soma dos meus sentidos.
14º v. – Assim, porque assim o sinto, é que [1ª variante: é que completo senti-lo; 2ª: é que é isso senti-lo; 3ª: é que isso é senti-lo].

Não nasciam flores novas nos prados
Nem mudaria qualquer coisa no sol
        [de modo a ele ficar mais belo...
(Mesmo se nascessem flores novas no prado
E se o sol mudasse para mais belo,
Eu sentiria menos flores no prado
E achava mais feio o sol...

Porque tudo é como é e assim é que é,
E eu aceito, e nem agradeço,
Para não parecer que penso nisso...).[22]

XXIV

O que nós vemos das coisas são as coisas.
Porque veríamos nós uma coisa se houvesse
        [outra?
Porque é que ver e ouvir seria iludirmo-nos
Se ver e ouvir são ver e ouvir?

O essencial é saber ver,
Saber ver sem estar a pensar,
Saber ver quando se vê,
E nem pensar quando se vê,
Nem ver quando se pensa.

---

22. Variante: 14º v. – Para não [1ª variante: saber; 2ª: perceber] que penso nisso.

Mas isso (triste de nós que trazemos
                              [a alma vestida!),
Isso exige um estudo profundo,
Uma aprendizagem de desaprender
E uma sequestração na liberdade daquele
                              [convento
De que os poetas dizem que as estrelas
                              [são as freiras eternas
E as flores as penitentes convictas de
                              [um só dia,
Mas onde afinal as estrelas não são
                              [senão estrelas
Nem as flores senão flores,
Sendo por isso que lhes chamamos
                              [estrelas e flores.[23]

---

23. Publicado na revista *Atena*, n. 4, janeiro de 1925. Essa ode tem levado os estudiosos de Alberto Caeiro a afirmarem que ele desenvolve um projeto antipoético. De fato, ele recusa as características convencionais da poesia, seja do ponto de vista formal, seja do ponto de vista temático, seja pela intenção de abolir a linguagem figurada, até porque "... as estrelas não são senão estrelas/ Nem as flores senão flores,/ Senão por isso que lhes chamamos estrelas e flores", roubando-lhe a pluralidade de significados. O que é absolutamente coerente com o pensamento de que "O único sentido íntimo das coisas/ É elas não terem sentido íntimo nenhum".

XXV

As bolas de sabão que esta criança
Se entretém a largar de uma palhinha
São translùcidamente uma filosofia toda.
Claras, inúteis e passageiras como a Natureza,
Amigas dos olhos como as cousas,
São aquilo que são
Com uma precisão redondinha e aérea,
E ninguém, nem mesmo a criança que as deixa
Pretende que elas são mais do que parecem ser.

Algumas mal se vêem no ar lúcido.
São como a brisa que passa e mal toca nas flores
E que só sabemos que passa
Porque qualquer coisa se aligeira em nós
E aceita tudo mais nìtidamente.[24]

XXVI

Às vezes, em dias de luz perfeita e exacta,
Em que as coisas têm toda a realidade
                             [que podem ter,
Pergunto a mim próprio devagar
Porque sequer atribuo eu
Beleza às coisas.

---

24. Publicado na revista *Atena*, n. 4, janeiro de 1925

Uma flor acaso tem beleza?
Tem beleza acaso um fruto?
Não: têm cor e forma
E existência apenas.
A beleza é o nome de qualquer coisa
[que não existe
Que eu dou às coisas em troca do agrado
[que me dão.
Não significa nada.
Então porque digo eu das coisas: são belas?

Sim, mesmo a mim, que vivo só de viver,
Invisíveis, vêm ter comigo as mentiras
[dos homens
Perante as coisas,
Perante as coisas que simplesmente existem.

Que difícil ser próprio e não ver senão o visível![25]

XXVII

Só na Natureza é divina, e ela não é divina...

Se falo dela como de um ente
É que para falar dela preciso usar da linguagem
[dos homens

---
25. Publicado na revista *Atena*, n. 4, janeiro de 1925.

Que dá personalidade às coisas,
E impõe nome às coisas.

Mas as coisas não têm nome
                    [nem personalidade:
Existem, e o céu é grande e a terra larga,
E o nosso coração do tamanho de um punho
                    [fechado...

Bendito seja eu por tudo quanto não sei.
Gozo tudo isso como quem sabe que
                    [há o sol.[26]

XXVIII

Li hoje quase duas páginas
Do livro dum poeta místico,
E ri como quem tem chorado muito.

Os poetas místicos são filósofos doentes,
E os filósofos são homens doidos.

Porque os poetas místicos dizem que
                    [as flores sentem

---

26. Variante: 10º v. – É isso tudo que verdadeiramente sou, está agora ao sol.

E dizem que as pedras têm alma
E que os rios têm êxtases ao luar.

Mas as flores, se sentissem, não eram flores,
Eram gente;
E se as pedras tivessem alma, eram
 [coisas vivas, não eram pedras;
E se os rios tivessem êxtases ao luar,
Os rios seriam homens doentes.

É preciso não saber o que são flores
 [e pedras e rios
Para falar dos sentimentos deles.
Falar da alma das pedras, das flores, dos rios,
É falar de si próprio e dos seus falsos
 [pensamentos.
Graças a Deus que as pedras são só pedras,
E que os rios não são senão rios,
E que as flores são apenas flores.

Por mim, escrevo a prosa dos meus versos
E fico contente,
Porque sei que compreendo a Natureza
 [por fora;
E não a compreendo por dentro
Porque a Natureza não tem dentro;
Senão não era a Natureza.[27]

---

27. Publicado na revista *Atena*, n. 4, janeiro de 1925.

XXIX

Nem sempre sou igual no que digo e escrevo.
Mudo, mas não mudo muito.
A cor das flores não é a mesma ao sol
De que quando uma nuvem passa
Ou quando entra a noite
E as flores são cor da sombra.

Mas quem olha bem vê que são as mesmas
[flores.
Por isso quando pareço não concordar
[comigo,
Reparem bem para mim:
Se estava virado para a direita,
Voltei-me agora para a esquerda,
Mas sou sempre eu, assente sobre
[os meus pés –
O mesmo sempre, graças ao céu e à terra
E aos meus olhos e ouvidos atentos
E à minha clara simplicidade de alma...[28]

---

28. Variantes: 4º v. – De que quando uma nuvem dura.
6º v. – E as flores são cor [1ª variante: que a gente sabe que elas têm; 2ª: da gente lhes saber a cor; 3ª: de nada da lembrança].
13º v. – O mesmo sempre, graças [1ª variante: a haver céu e a terra; 2ª: a mim e à terra].
14º v. – E aos meus olhos e ouvidos convictos.
15º v. – E à minha clara contigüidade de alma.

XXX

Se quiserem que eu tenha um misticismo,
 [está bem, tenho-o
Sou místico, mas só com o corpo.
A minha alma é simples e não pensa.

O meu misticismo é não querer saber.
É viver e não pensar nisso.

Não sei o que é a Natureza: canto-a.
Vivo no cimo dum outeiro
Numa casa caiada e sozinha,
E essa é a minha definição.[29]

XXXI

Se às vezes digo que as flores sorriem
E se eu disser que os rios cantam,
Não é porque eu julgue que há sorrisos
 [nas flores
E cantos no correr dos rios...
É porque assim faço mais sentir
 [aos homens falsos
A existência verdadeiramente real das flores
 [e dos rios.

---

29. Publicado na revista *Atena*, n. 4, janeiro de 1925.

Porque escrevo para eles me lerem
                            [sacrifico-me às vezes
À sua estupidez de sentidos...
Não concordo comigo mas absolvo-me,
Porque só sou essa coisa séria, um intérprete
                            [da Natureza,
Porque há homens que não percebem
                            [a sua linguagem,
Por ela não ser linguagem nenhuma.[30]

XXXII

Ontem à tarde um homem das cidades
Falava à porta da estalagem.
Falava comigo também.
Falava da justiça e da luta para haver justiça
E dos operários que sofrem,
E do trabalho constante, e dos que têm fome,
E dos ricos, que só têm costas para isso.

E, olhando para mim, viu-me lágrimas
                            [nos olhos
E sorriu com agrado, julgando que eu sentia
O ódio que ele sentia, e a compaixão
Que ele dizia que sentia.

---

30. Variante: 10º v. – Porque não me aceito a sério, um intérprete da Natureza.

(Mas eu mal o estava ouvindo.
Que me importam a mim os homens
E o que sofrem ou supõem que sofrem?
Sejam como eu – não sofrerão.
Todo o mal do mundo vem de nos
          [importarmos uns com os outros,
Quer para fazer bem, quer para fazer mal.
A nossa alma e o céu e a terra bastam-nos.
Querer mais é perder isto, e ser infeliz).

Eu no que estava pensando
Quando o amigo de gente falava
(E isso me comoveu até às lágrimas),
Era em como o murmúrio longínquo
              [dos chocalhos
A esse entardecer
Não parecia os sinos duma capela pequenina
A que fossem à missa as flores e os regatos
E as almas simples como a minha.

(Louvado seja Deus que não sou bom,
E tenho o egoísmo natural das flores
E dos rios que seguem o seu caminho
Preocupados sem o saber
Só com o florir e ir correndo.
É essa a única missão no Mundo,
Essa – existir claramente,
E saber fazê-lo sem pensar nisso).

E o homem calara-se, olhando o poente.
Mas que tem com o poente quem odeia
[e ama?[31]

XXXIII

Pobres das flores nos canteiros dos jardins
[regulares.
Parecem ter medo da polícia...
Mas tão boas que florescem do mesmo modo
E têm o mesmo sorriso antigo
Que tiveram para o primeiro olhar
[do primeiro homem
Que as viu aparecidas e lhes tocou levemente
Para ver se elas falavam...[32]

XXXIV

Acho tão natural que não se pense
Que me ponho a rir às vezes, sòzinho,
Não sei bem de quê, mas é de qualquer coisa
Que tem que ver com haver gente que pensa...

---

31. Publicado na revista *Atena*, n. 4, janeiro de 1925.

32. Variantes: 3º v. – Mas tão certas que florescem do mesmo modo.
4º v. – E têm o mesmo colorido antigo.

Que pensará o meu muro da minha sombra?
Pergunto-me às vezes isto até dar por mim
A perguntar-me coisas...
E então desagrado-me, e incomodo-me
Como se desse por mim com um pé dormente...

Que pensará isto de aquilo?
Nada pensa nada.
Terá a terra consciência das pedras e plantas
                                    [que tem?
Se ela a tiver, que a tenha...
Que me importa isso a mim?
Se eu pensasse nessas coisas,
Deixaria de ver as árvores e as plantas
E deixava de ver a Terra,
Para ver só os meus pensamentos...
Entristecia e ficava às escuras.
E assim, sem pensar, tenho a Terra e o Céu.[33]

XXXV

O luar através dos altos ramos,
Dizem os poetas todos que ele é mais
Que o luar através dos altos ramos.

---

33. Variantes: 13º v. – Se ela tivesse, seria gente; e se fosse gente, tinha feitio de gente, não era a Terra.
14º v. – Mas que me importa isso a mim?
20º v. – E assim, sem pensar, tenho o Sol e a Lua.

Mas para mim, que não sei o que penso,
O que o luar através dos altos ramos
É, além de ser
O luar através dos altos ramos,
É não ser mais
Que o luar através dos altos ramos.[34]

XXXVI

E há poetas que são artistas
E trabalham nos seus versos
Como um carpinteiro nas tábuas!...

Que triste não saber florir!
Ter que pôr verso sobre verso, como quem
                            [constrói um muro
E ver se está bem, e tirar se não está!...
Quando a única casa artística é a Terra toda
Que varia e está sempre bem e é sempre
                                    [a mesma.

Penso nisto, não como quem pensa,
                            [mas como quem respira.
E olho para as flores e sorrio...
Não sei se elas me compreendem
Nem se eu as compreendo a elas,

---

34. Publicado na revista *Atena*, n. 4, janeiro de 1925.

Mas sei que a verdade está nelas e em mim
E na nossa comum divindade
De nos deixarmos ir e viver pela Terra
E levar ao colo pelas Estações contentes
E deixar que o vento cante para
                            [adormecermos
E não termos sonhos no nosso sono.[35]

XXXVII

Como um grande borrão de fogo sujo
O sol-posto demora-se nas nuvens
                            [que ficam.
Vem um silvo vago de longe na tarde muito
                            [calma.
Deve ser dum comboio longínquo.

Neste momento vem-me uma vaga saudade
E um vago desejo plácido
Que aparece e desaparece.

Também às vezes, à flor dos ribeiros
Formam-se bolhas na água
Que nascem e se desmancham.

---

35. Variantes: 7º v. – Quando a única casa certa é a Terra toda.
9º v. – Penso nisto, não como quem pensa, mas como quem não pensa.

E não têm sentido nenhum
Salvo serem bolhas de água
Que nascem e se desmancham.[36]

XXXVIII

Bendito seja o mesmo sol de outras terras
Que faz meus irmãos todos os homens
Porque todos os homens, um momento
                [no dia, o olham como eu,
E nesse puro momento
Todo limpo e sensível
Regressam lacrimosamente
E com um suspiro que mal sentem
Ao Homem verdadeiro e primitivo
Que via o Sol nascer e ainda o não adorava.
Porque isso é natural mais natural
Que adorar o ouro e Deus
E a arte e a moral...[37]

---

[36]. Publicado na revista *Atena*, n. 4, janeiro de 1925.

[37]. Variantes: 4º v. – E nesse bom momento.
6º v. – Regressam imperfeitamente.
9º v. – Que via o sol nascer e adorava-o.
11º v. – Que adorar o sol e Deus.

XXXIX

O mistério das coisas, onde está ele?
Onde está ele que não aparece
Pelo menos a mostrar-nos que é mistério?
Que sabe o rio e que sabe a árvore
E eu, que não sou mais do que eles,
                    [que sei disso?
Sempre que olho para as coisas e penso
              [no que os homens pensam delas,
Rio como um regato que soa fresco
                    [numa pedra.

Porque o único sentido oculto das coisas
É elas não terem sentido oculto nenhum,
É mais estranho do que todas as estranhezas
E do que os sonhos de todos os poetas
E os pensamentos de todos os filósofos,
Que as coisas sejam realmente o que
                    [parecem ser
E não haja nada que compreender.

Sim, eis o que os meus sentidos aprenderam
                    [sòzinhos: –
As coisas não têm significação: têm existência.
As coisas são o único sentido oculto das
                    [coisas.[38]

---

38. Publicado na revista *Atena*, n. 4, janeiro de 1925.

XL

Passa uma borboleta por diante de mim
E pela primeira vez no Universo eu reparo
Que as borboletas não têm cor nem
                            [movimento,
Assim como as flores não têm perfume
                            [nem cor.
A cor é que tem cor nas asas da borboleta,
No movimento da borboleta o movimento
                            [é que se move.
O perfume é que tem perfume no perfume
                            [da flor.
A borboleta é apenas borboleta
E a flor é apenas flor.[39]

XLI

No entardecer dos dias de Verão, às vezes,
Ainda que não haja brisa nenhuma, parece
Que passa, um momento, uma leve brisa...
Mas as árvores permanecem imóveis
Em todas as folhas das suas folhas
E os nossos sentidos tiveram uma ilusão,
Tiveram a ilusão do que lhes agradaria...

---

39. Publicado na revista *Atena*, n. 4, janeiro de 1925.

Ah!, os sentidos, os doentes que vêem
>> [e ouvem!
Fôssemos nós como devíamos ser
E não haveria em nós necessidade de ilusão...
Bastar-nos-ia sentir com clareza e vida
E nem repararmos para que há sentidos...

Mas Graças a Deus que há imperfeição no
>> [Mundo
Porque a imperfeição é uma coisa,
E haver gente que erra é original,
E haver gente doente torna o Mundo
>> [engraçado.
Se não houvesse imperfeição, havia uma coisa
>> [a menos,
E deve haver muita coisa
Para termos muito que ver e ouvir...[40]

XLII

Passou a diligência pela estrada, e foi-se;
E a estrada não ficou mais bela, nem sequer
>> [mais feia.

---

40. Variantes: 5º v. – Em todas as maneiras das suas folhas.
8º v. – Ah, os nossos sentidos, os doentes que vêem o ouvem!
15º v. – E haver gente que erra é diferente.
16º v. – E haver gente doente torna o mundo maior.

Assim é a acção humana pelo mundo fora.
Nada tiramos e nada pomos; passamos
                            [e esquecemos;
E o sol é sempre pontual todos os dias.[41]

XLIII

Antes o voo da ave, que passa e não deixa
                                  [rasto,
Que a passagem do animal, que fica lembrada
                                  [no chão.
A ave passa e esquece, e assim deve ser.
O animal, onde já não está e por isso
                                  [de nada serve,
Mostra que já esteve, o que não serve
                                  [para nada.

A recordação é uma traição à Natureza.
Porque a Natureza de ontem não é Natureza.
O que foi não é nada, e lembrar é não ver.

Passa, ave, passa, e ensina-me a passar![42]

---

41. Publicado na revista *Atena*, n. 4, janeiro de 1925.
42. Publicado na revista *Atena*, n. 4, janeiro de 1925.

XLIV

Acordo de noite sùbitamente.
E o meu relógio ocupa a noite toda.
Não sinto a Natureza lá fora.
O meu quarto é uma coisa escura com
 [paredes vagamente brancas.
Lá fora há um sossego como se nada existisse.
Só o relógio prossegue o seu ruído.
E esta pequena coisa de engrenagens que
 [está em cima da minha mesa
Abafa toda a existência da terra e do céu...
Quase que me perco a pensar o que isto
 [significa,
Mas estaco, e sinto-me sorrir na noite com
 [os cantos da boca,
Porque a única coisa que o meu relógio
 [simboliza ou significa
Enchendo com a sua pequenez a noite
 [enorme
É a curiosa sensação de encher a noite
 [enorme
Com a sua pequenez...[43]

---

43. Variante: 11º v. – Mas volto-me, e sinto-me sorrir na noite com os cantos da boca.

XLV

Um renque de árvores lá longe, lá para
                                [a encosta.
Mas o que é um renque de árvores?
                                [Há árvores apenas.
Renque e o plural árvores não são coisas,
                                [são nomes.

Tristes das almas humanas, que põem tudo
                                [em ordem,
Que traçam linhas de coisa a coisa,
Que põem letreiros com nomes nas árvores
                                [absolutamente reais,
E desenham paralelos de latitude
                                [e longitude
Sobre a própria terra inocente e mais verde
                                [e florida do que isso![44]

XLVI

Deste modo ou daquele modo,
Conforme calha ou não calha,
Podendo às vezes dizer o que penso,
E outras vezes dizendo-o mal e com misturas,

---
44. Publicado na revista *Atena*, n. 4, janeiro de 1925.

Vou escrevendo os meus versos sem querer,
Como se escrever não fosse uma coisa feita
                    [de gestos,
Como se escrever fosse uma coisa que me
                    [acontecesse
Como dar-me o sol de fora.

Procuro dizer o que sinto
Sem pensar em que o sinto.
Procuro encostar as palavras à idéia
E não precisar dum corredor
Do pensamento para as palavras.

Nem sempre consigo sentir o que sei que
                    [devo sentir.
O meu pensamento só muito devagar
                [atravessa o rio a nado
Porque lhe pesa o fato que os homens
                    [o fizeram usar.

Procuro despir-me do que aprendi,
Procuro esquecer-me do modo de lembrar
                    [que me ensinaram,
E raspar a tinta com que me pintaram
                    [os sentidos,
Desencaixotar as minhas emoções
                    [verdadeiras,
Desembrulhar-me e ser eu,
            [não Alberto Caeiro,

Mas um animal humano que a Natureza
                              [produziu.

E assim escrevo, querendo sentir a Natureza,
              [nem sequer como um homem,
Mas como quem sente a Natureza, e mais
                              [nada.
E assim escrevo, ora bem, ora mal,
Ora acertando com o que quero dizer,
                            [ora errando,
Caindo aqui, levantando-me acolá,
Mas indo sempre no meu caminho como
                         [um cego teimoso.

Ainda assim, sou alguém.
Sou o Descobridor da Natureza.
Sou o Argonauta das sensações
                             [verdadeiras.
Trago ao Universo um novo Universo
Porque trago ao Universo ele-próprio.

Isto sinto e isto escrevo
Perfeitamente sabedor e sem que não veja
Que são cinco horas do amanhecer
E que o sol, que ainda não mostrou
                               [a cabeça
Por cima do muro do horizonte,
Ainda assim já se lhe vêem as pontas
                               [dos dedos

Agarrando o cimo do muro
Do horizonte cheio de montes baixos.[45]

XLVII

Num dia excessivamente nítido,
Dia em que dava a vontade de ter
                    [trabalhado muito
Para nele não trabalhar nada,
Entrevi, como uma estrada por entre
                    [as árvores,
O que talvez seja o Grande Segredo,
Aquele Grande Mistério de que
                    [os poetas falsos falam.

---

45. Publicado na revista *Atena*, n. 4, janeiro de 1925. Observa-se que, já na primeira estrofe, Caeiro desmitifica o processo criativo "dizendo-o mal e com misturas", escrevendo "sem querer", excluindo, portanto, toda a racionalidade do processo, dizendo o que sente, mas sem pensar sobre o que sente. Chegar a esse estágio, livre de toda e qualquer subjetividade, exige um grande esforço do poeta. Foi preciso libertar-se do que aprendeu para chegar ao ser pré-reflexivo. É o que confere, também, sentido à escrita: "sentir como quem sente a Natureza" e, mais ainda, ser ele mesmo, o animal humano, o portador das sensações verdadeiras, puras. Entenda-se por sensações verdadeiras as que não são atravessadas pelo pensamento. Caeiro tem consciência de que a inocência primitiva está na não-consciência. Assim, o que está além da Natureza é inútil "como levar um copo à água das fontes".

Vi que não há Natureza,
Que Natureza não existe,
Que há montes, vales, planícies,
Que há árvores, flores, ervas,
Que há rios e pedras,
Mas que não há um todo a que isso pertença,
Que um conjunto real é verdadeiro
É uma doença das nossas ideias.

A Natureza é partes sem um todo.
Isto é talvez o tal mistério de que falam.

Foi isto o que sem pensar nem parar,
Acertei que devia ser a verdade
Que todos andam a achar e que não acham,
E que só eu, porque a não fui achar, achei.[46]

XLVIII

Da mais alta janela da minha casa
Com um lenço branco digo adeus
Aos meus versos que partem para
                      [a humanidade

E não estou alegre nem triste.
Esse é o destino dos versos.

---

46. Publicado na revista *Atena*, n. 4, janeiro de 1925

Escrevi-os e devo mostrá-los a todos
Porque não posso fazer o contrário
Como a flor não pode esconder a cor,
Nem o rio esconder que corre,
Nem a árvore esconder que dá fruto.

Ei-los que vão já longe como que
                          [na diligência
E eu sem querer sinto pena
Como uma dor no corpo.

Quem sabe quem os lerá?
Quem sabe a que mãos irão?

Flor, colheu-me o meu destino para
                          [os olhos.
Árvore, arrancaram-me os frutos para
                          [as bocas.
Rio, o destino da minha água era
                          [não ficar em mim.
Submeto-me e sinto-me quase alegre,
Quase alegre como quem se cansa
                          [de estar triste.

Ide, ide de mim!
Passa a árvore e fica dispersa pela Natureza.
Murcha a flor e o seu pó dura sempre.

Corre o rio e entra no mar e a sua água
                [é sempre a que foi sua.

Passo e fico, como o Universo.[47]

XLIX

Meto-me para dentro, e fecho a janela.
Trazem o candeeiro e dão as boas-noites.
E a minha voz contente dá as boas-noites.
Oxalá a minha vida seja sempre isto:
O dia cheio de sol, ou suave de chuva,
Ou tempestuoso como se acabasse
                [o Mundo,
A tarde suave e os ranchos que passam
Fitados com interesse da janela,
O último olhar amigo dado ao sossego
                [das árvores,
E depois, fechada a janela, o candeeiro
                [aceso,
Sem ler nada, nem pensar em nada,
                [nem dormir,
Sentir a vida correr por mim como um rio
                [por seu leito,

---

47. Publicado na revista *Atena*, n. 4, janeiro de 1925. Caeiro vive para a simplicidade da Natureza e volta para a Natureza pela morte, enquanto os versos seguem seu destino.

E lá fora um grande silêncio como um deus que dorme.[48, 49]

---

48. Publicado na revista *Atena*, n. 4, janeiro de 1925.

49. Essas odes que compõem *O guardador de rebanhos* são a marca maior do chamado "dia triunfal": "Foi o dia triunfal da minha vida [8 de março de 1914], e nunca poderei ter outro assim. Abri com um título, *O guardador de rebanhos*. E o que se seguiu foi o aparecimento de alguém em mim, a quem dei desde logo o nome de Alberto Caeiro. Desculpe-me o absurdo da frase: aparecera em mim o meu mestre. Foi essa a sensação imediata que tive. E tanto assim que, escritos que foram esses trinta e tantos poemas, imediatamente peguei noutro papel e escrevi, a fio, também, os seis poemas que constituem a *Chuva oblíqua*, de Fernando Pessoa. Imediatamente e totalmente...", diz Pessoa na carta a Casais Monteiro, datada de 13 de janeiro de 1935.

O pastor amoroso
(1914-1930)

Quando eu não te tinha
Amava a Natureza como um monge calmo
                       [a Cristo...
Agora amo a Natureza
Como um monge calmo à Virgem Maria,
Religiosamente, a meu modo, como dantes,
Mas de outra maneira mais comovida
                       [e próxima...
Vejo melhor os rios quando vou contigo
Pelos campos até à beira dos rios;
Sentado a teu lado reparando nas nuvens
Reparo nelas melhor –
Tu não me tiraste a Natureza...
Tu mudaste a Natureza...
Trouxeste-me a Natureza para o pé de mim,
Por tu existires vejo-a melhor, mas a mesma,
Por tu me amares, amo-a do mesmo modo,
                       [mas mais,
Por tu me escolheres para te ter e te amar,
Os meus olhos fitaram-na mais
                       [demoradamente
Sobre todas as coisas.
Não me arrependo do que fui outrora
Porque ainda o sou.

                                  (6/7/1914)

*

Vai alta no céu a lua da Primavera
Penso em ti e dentro de mim estou completo.

Corre pelos vagos campos até mim
                [uma brisa ligeira.
Penso em ti, murmuro o teu nome;
                [e não sou eu: sou feliz.

Amanhã virás, andarás comigo a colher flores
                [pelo campo,
E eu andarei contigo pelos campos ver-te
                [colher flores.
Eu já te vejo amanhã a colher flores comigo
                [pelos campos,
Pois quando vieres amanhã e andares comigo
                [no campo a colher flores,
Isso será uma alegria e uma verdade
                [para mim.[50]

(6/7/1914)

*

O amor é uma companhia.
Já não sei andar só pelos caminhos,

---

50. É interessante observar que, se no poema anterior Caeiro diz que continua o mesmo, o amor o transforma: aquele que antes recusava o pensamento, agora pensa na amada. O que também fica reforçado no poema seguinte, no qual ele se permite, inclusive, a imaginação.

Porque já não posso andar só.
Um pensamento visível faz-me andar
                        [mais depressa
E ver menos, e ao mesmo tempo gostar bem
                        [de ir vendo tudo.
Mesmo a ausência dela é uma coisa que está
                        [comigo.
E eu gosto tanto dela que não sei como
                        [a desejar.
Se a não vejo, imagino-a e sou forte como
                        [as árvores altas.
Mas se a vejo tremo, não sei o que é feito
                        [do que sinto na ausência dela.
Todo eu sou qualquer força que me abandona.
Toda a realidade olha para mim como um
                        [girassol com a cara dela no meio.

                              (10/7/1930)[51]

            *

O pastor amoroso perdeu o cajado,
E as ovelhas tresmalharam-se pela encosta,
E, de tanto pensar, nem tocou a flauta
                        [que trouxe para tocar.
Ninguém lhe apareceu ou desapareceu.
                [Nunca mais encontrou o cajado.

---

51. A considerar essa data, seria um poema póstumo, uma vez que Caeiro morreu em 1915.

Outros, praguejando contra ele,
                [recolheram-lhe as ovelhas.
Ninguém o tinha amado, afinal.

Quando se ergueu da encosta
   [e da verdade falsa, viu tudo:
Os grandes vales cheios dos mesmos verdes
                [de sempre,
As grandes montanhas longe, mais reais
                [que qualquer sentimento,
A realidade toda, com o céu e o ar e os campos
                [que existem, estão presentes.
(E de novo o ar, que lhe faltara tanto tempo,
                [lhe entrou fresco nos pulmões)
E sentiu que de novo o ar lhe abria, mas
                [com dor, uma liberdade no peito.[52]

                        (10/7/1930)[53]

*

Passei toda a noite, sem dormir, vendo,
                [sem espaço, a figura dela,
E vendo-a sempre de maneiras diferentes
                [do que a encontro a ela.

---

52. Caeiro vislumbra a perda do que antes era. É, agora, um pastor sem cajado. Só se recupera diante da Natureza.

53. A considerar essa data, seria um poema póstumo, uma vez que Caeiro morreu em 1915.

Faço pensamentos com a recordação do que
 [ela é quando me fala,
E em cada pensamento ela varia de acordo
 [com a sua semelhança.
Amar é pensar.
E eu quase que me esqueço de sentir
 [só de pensar nela.
Não sei bem o que quero, mesmo dela,
 [e eu não penso senão nela
Tenho uma grande distracção animada.
Quando desejo encontrá-la
Quase que prefiro não a encontrar,
Para não ter que a deixar depois.
Não sei bem o que quero, nem quero saber
 [o que quero. Quero só
Pensar nela.
Não peço nada a ninguém, nem a ela,
 [senão pensar.[54]

(10/7/1930)[55]

*

Todos os dias agora acordo com alegria e pena.
Antigamente acordava sem sensação
 [nenhuma; acordava.

---

54. Eis a definição do sentimento amoroso: a despeito de tudo o que antes acreditara, "amar é pensar", o que contradiz toda a postura assumida em *O guardador de rebanhos*.

55. A considerar essa data, seria um poema póstumo, uma vez que Caeiro morreu em 1915.

Tenho alegria e pena porque perco
                            [o que sonho
E posso estar na realidade onde está
                            [o que sonho.
Não sei o que hei-de fazer das minhas
                            [sensações
Não sei o que hei-de ser comigo sòzinho.
Quero que ela me diga qualquer coisa
                            [para eu acordar de novo.

                                      (23/7/1930)[56]

*

Agora que sinto amor
Tenho interesse no que cheira.
Nunca antes me interessou que uma flor
                            [tivesse cheiro.
Agora sinto o perfume das flores como se
                            [visse uma coisa nova.
Sei bem que elas cheiravam, como sei que
                            [existia.
São coisas que se sabem por fora.
Mas agora sei com a respiração da parte
                            [de trás da cabeça.
Hoje as flores sabem-me bem num paladar
                            [que se cheira.

---

56. A considerar essa data, seria um poema póstumo, uma vez que Caeiro morreu em 1915.

Hoje às vezes acordo e cheiro antes
[de ver.[57]
(23/7/1930)[58]

*

Talvez quem vê bem não sirva para sentir
E não agrada por estar muito antes das
[maneiras.
É preciso ter modos para todas as coisas,
E cada coisa tem o seu modo,
[e o amor também.
Quem tem o modo de ver os campos
[pelas ervas
Não deve ter a cegueira que faz fazer sentir.
Amei, e não fui amado, o que só vi no fim,
Porque não se é amado como se nasce
[mas como acontece.
Ela continua tão bonita de cabelo e boca
[como dantes,
E eu continuo como era dantes,
[sozinho no campo.
Como se tivesse estado de cabeça baixa,
Penso isto, e fico de cabeça alta

---

57. Poema recentemente recuperado, inserido nos poemas de *O pastor amoroso* por Teresa Sobral Cunha.
58. A considerar essa data, seria um poema póstumo, uma vez que Caeiro morreu em 1915.

E o dourado sol seca a vontade de lágrimas
                      [que não posso deixar de ter.
Como o campo é vasto e o amor interior...!
Olho, e esqueço, como seca onde foi água
                      [e nas árvores desfolha.[59]

*

Eu não sei falar porque estou a sentir.
Estou a escutar a minha voz como se fosse
                      [de outra pessoa,
E a minha voz fala dela como se ela é que
                      [falasse.
Tem o cabelo de um louro amarelo de trigo
                      [ao sol claro,
E a boca quando fala diz coisas que não só
                      [as palavras.
Sorri, e os dentes são limpos como pedras
                      [do rio.[60]

                      (8/11/1929)[61]

---

59. Sobretudo os dois primeiros versos colocam em xeque todo o modo de estar no mundo de *O guardador de rebanhos*. Ricardo Reis, referindo-se ao episódio amoroso, no "Esboço de um prefácio à obra de Alberto Caeiro", escreve: "O mesmo breve episódio, improfícuo e absurdo, que deu origem aos poemas de *"O pastor amoroso"*, não foi um incidente, senão, por assim dizer, um esquecimento". Talvez a palavra esquecimento explique esse conjunto de poemas na obra de Caeiro.

60. Poema recentemente recuperado, inserido nos poemas de *O Pastor Amoroso* por Teresa Sobral Cunha

61. A considerar essa data, seria um poema póstumo, uma vez que Caeiro morreu em 1915.

Poemas inconjuntos

(1913-1915)[62]

---

[62]. Apesar dessas datas constantes nos manuscritos, há poemas datados de 1919.

Não basta abrir a janela
Para ver os campos e o rio.
Não é bastante não ser cego
Para ver as árvores e as flores.
É preciso também não ter filosofia nenhuma.
Com filosofia não há árvores:
                    [há ideias apenas.
Há só cada um de nós, como uma cave.
Há só uma janela fechada, e todo o mundo
                    [lá fora;
E um sonho do que se poderia ver se a janela
                    [se abrisse,
Que nunca é o que se vê quando se abre
                    [a janela.[63]

*

Falas de civilização, e de não dever ser,
Ou de não dever ser assim.
Dizes que todos sofrem, ou a maioria
                    [de todos,
Com as cousas humanas postas
                    [desta maneira,
Dizes que se fossem diferentes, sofreriam
                    [menos.
Dizes que se fossem como tu queres,
                    [seriam melhor.

---
63. Publicado na revista *Atena*, n. 5, fevereiro de 1925.

Escuto sem te ouvir.
Para que te quereria eu ouvir?
Ouvindo-te nada ficaria sabendo.
Se as coisas fossem diferentes, seriam
                    [diferentes: eis tudo.
Se as cousas fossem como tu queres,
                    [seriam só como tu queres.
Ai de ti e de todos que levam a vida
A querer inventar a máquina de fazer
                    [felicidade![64]

*

Entre o que vejo de um campo e o que vejo
                    [de outro campo
Passa um momento uma figura de homem.
Os seus passos vão com "ele" na mesma
                    [realidade,
Mas eu reparo para ele e para eles,
                    [e são duas coisas:
O "homem" vai andando com as suas ideias,
                    [falso e estrangeiro,
E os passos vão com o sistema antigo
                    [que faz pernas andar.
Olho-o de longe sem opinião nenhuma.
Que perfeito que é nele o que ele é – o seu corpo,
A sua verdadeira realidade que não tem
                    [desejos nem esperanças,

---

64. Publicado na revista *Atena*, n. 4, janeiro de 1925.

Mas músculos e a maneira certa e impessoal
[de os usar.[65]

(20/04/1919)[66]

*

Criança desconhecida e suja brincando
[à minha porta,
Não te pergunto se me trazes um recado
[dos símbolos.
Acho-te graça por nunca te ter visto antes,
E naturalmente se pudesses estar limpa
[eras outra criança,
Nem aqui vinhas.
Brinca na poeira, brinca!
Aprecio a tua presença só com os olhos.
Vale mais a pena ver uma coisa sempre
[pela primeira vez que conhecê-la,
Porque conhecer é como nunca ter visto
[pela primeira vez,
E nunca ter visto pela primeira vez é só ter
[ouvido contar.
O modo como esta criança está suja é diferente
[do modo como as outras estão sujas.
Brinca! Pegando numa pedra que te cabe
[na mão,

---

65. Publicado na revista *Atena*, n. 4, janeiro de 1925.
66. A considerar essa data, seria um poema póstumo, uma vez que Caeiro morreu em 1915.

Sabes que te cabe na mão.
Qual é a filosofia que chega a uma certeza
[maior?
Nenhuma, e nenhuma pode vir brincar nunca
[à minha porta.[67]
(12/04/1919)[68]

*

Verdade, mentira, certeza, incerteza...
Aquele cego ali na estrada também conhece
[estas palavras.
Estou sentado num degrau alto e tenho
[as mãos apertadas
Sobre o mais alto dos joelhos cruzados.
Bem: verdade, mentira, certeza, incerteza
[o que são?
O cego pára na estrada,
Desliguei as mãos de cima do joelho.
Verdade, mentira, certeza, incerteza são
[as mesmas?
Qualquer coisa mudou numa parte da realidade
[– os meus joelhos e as minhas mãos.
Qual é a ciência que tem conhecimento para isto?
O cego continua o seu caminho e eu não faço
[mais gestos.

---

67. Publicado na revista *Atena*, n. 4, janeiro de 1925.

68. A considerar essa data, seria um poema póstumo, uma vez que Caeiro morreu em 1915.

Já não é a mesma hora, nem a mesma gente,
                [nem nada igual.
Ser real é isto.[69]

(12/04/1919)[70]

*

Uma gargalhada de raparigas soa do ar
                [da estrada.
Riu do que disse quem não vejo.
Lembro-me já que ouvi.
Mas se me falarem agora de uma gargalhada
                [de rapariga da estrada,
Direi: não, os montes, as terras ao sol, o sol,
                [a casa aqui,
E eu que só oiço o ruído calado do sangue que
                [há na minha vida dos dois lados da cabeça.[71]

(12/04/1919)[72]

*

Noite de S. João para além do muro
                [do meu quintal.
Do lado de cá, eu sem noite de S. João.

---

69. Publicado na revista *Atena*, n. 4, janeiro de 1925.

70. A considerar essa data, seria um poema póstumo, uma vez que Caeiro morreu em 1915.

71. Publicado na revista *Atena*, n. 4, janeiro de 1925.

72. A considerar essa data, seria um poema póstumo, uma vez que Caeiro morreu em 1915.

Porque há S. João onde o festejam.
Para mim há uma sombra de luz de fogueiras
[na noite,
Um ruído de gargalhadas, os baques
[dos saltos.
E um grito casual de quem não sabe que
[eu existo.[73]

(12/04/1919)[74]

*

Ontem o pregador de verdades dele
Falou outra vez comigo.
Falou do sofrimento das classes que
[trabalham
(Não do das pessoas que sofrem, que é afinal
[quem sofre).
Falou da injustiça de uns terem dinheiro,
E de outros terem fome, que não sei se é
[fome de comer,
Ou se é só fome da sobremesa alheia.
Falou de tudo quanto pudesse fazê-lo
[zangar-se.

Que feliz deve ser quem pode pensar
[na infelicidade dos outros!

---
73. Publicado na revista *Atena*, n. 4, janeiro de 1925.

74. A considerar essa data, seria um poema póstumo, uma vez que Caeiro morreu em 1915.

Que estúpido se não sabe que a infelicidade
 [dos outros é deles.
E não se cura de fora,
Porque sofrer não é ter falta de tinta
Ou o caixote não ter aros de ferro!

Haver injustiça é como haver morte.
Eu nunca daria um passo para alterar
Aquilo a chamam a injustiça do mundo.
Mil passos que desse para isso
Eram só mil passos.
Aceito a injustiça como aceito uma pedra
 [não ser redonda,
E um sobreiro não ter nascido pinheiro
 [ou carvalho.

Cortei a laranja em duas, e as duas partes
 [não podiam ficar iguais
Para qual fui injusto eu, que as vou comer
 [a ambas?[75]

*

Tu, místico, vês uma significação em todas
 [as coisas.
Para ti tudo tem um sentido velado.
Há uma coisa oculta em cada coisa que vês.
O que vês, vê-lo sempre para veres outra coisa.
Para mim, graças a ter olhos só para ver,

---
75. Publicado na revista *Atena*, n. 4, janeiro de 1925.

Eu vejo ausência de significação em todas
[as coisas;
Vejo-o e amo-me, porque ser uma coisa
[é não significar nada.
Ser uma coisa é não ser susceptível de
[interpretação.[76]

(12/04/1919)[77]

*

Pastor do monte, tão longe de mim com
[as tuas ovelhas –
Que felicidade é essa que pareces ter – a tua
[ou a minha?
A paz que sinto quando te vejo, pertence-me,
[ou pertence-te?
Não, nem a ti nem a mim, pastor.
Pertence só à felicidade e à paz.
Nem tu a tens, porque não sabes
[que a tens.
Nem eu a tenho, porque sei que a tenho.
Ela é ela só, e cai sobre nós como o sol,
Que te bate nas costas e te aquece, e tu pensas
[noutra coisa indiferentemente,

---

76. Publicado na revista *Atena*, n. 4, janeiro de 1925.

77. A considerar essa data, seria um poema póstumo, uma vez que Caeiro morreu em 1915.

E me bate na cara e me ofusca, e eu só penso
[no sol.[78]
(12/04/1919)[79]

*

Dizes-me: tu és mais alguma coisa
Que uma pedra ou uma planta.

Dizes-me: sentes, pensas e sabes
Que pensas e sentes.
Então as pedras escrevem versos?
Então as plantas têm idéias sobre o mundo?

Sim: há diferença.
Mas não é a diferença que encontras;
Porque o ter consciência não me obriga a ter
[teorias sobre as coisas:
Só me obriga a ser consciente.

Se sou mais que uma pedra ou uma planta?
[Não sei.
Sou diferente. Não sei o que é mais ou menos.

Ter consciência é mais que ter cor?
Pode ser e pode não ser.

---
78. Publicado na revista *Atena*, n. 4, janeiro de 1925.
79. A considerar essa data, seria um poema póstumo, uma vez que Caeiro morreu em 1915.

Sei que é diferente apenas.
Ninguém pode provar que é mais
                    [que só diferente.

Sei que a pedra é a real, e que a planta existe.
Sei isto porque elas existem.
Sei isto porque os meus sentidos
                            [mo mostram.
Sei que sou real também.
Sei isto porque os meus sentidos
                            [mo mostram,
Embora com menos clareza que me mostram
                    [a pedra e a planta.
Não sei mais nada.

Sim, escrevo versos, e a pedra não escreve
                            [versos.
Sim, faço idéias sobre o mundo,
                    [e a planta nenhumas.

Mas é que as pedras não são poetas,
                        [são pedras;
E as plantas são plantas só, e não pensadores.
Tanto posso dizer que sou superior a elas
                        [por isto,
Como que sou inferior.
Mas não digo isso: digo da pedra,
                    ["é uma pedra",
Digo da planta, "é uma planta",

Digo de mim, "sou eu".
E não digo mais nada. Que mais há a dizer?[80]

*

A espantosa realidade das coisas
É a minha descoberta de todos os dias.
Cada coisa é o que é,
E é difícil explicar a alguém quanto isso
                            [me alegra,
E quanto isso me basta.

Basta existir para se ser completo.

Tenho escrito bastantes poemas.
Hei-de escrever muitos mais, naturalmente.
Cada poema meu diz isto,
E todos os meus poemas são diferentes,
Porque cada coisa que há é uma maneira
                            [de dizer isto.

Às vezes ponho-me a olhar para uma pedra.
Não me ponho a pensar se ela sente.
Não me perco a chamar-lhe minha irmã.
Mas gosto dela por ela ser uma pedra,
Gosto dela porque ela não sente nada,
Gosto dela porque ela não tem parentesco
                            [nenhum comigo.

---

80. Publicado na revista *Atena*, n. 4, janeiro de 1925.

Outras vezes oiço passar o vento,
E acho que só para ouvir passar o vento
                [vale a pena ter nascido.

Eu não sei o que é que os outros pensarão
                [lendo isto;
Mas acho que isto deve estar bem porque
                [o penso sem esforço,
Nem ideia de outras pessoas
                [a ouvir-me pensar;
Porque o penso sem pensamentos,
Porque o digo como as minhas palavras
                [o dizem.

Uma vez chamaram-me poeta materialista,
E eu admirei-me, porque não julgava
Que se me pudesse chamar qualquer coisa.
Eu nem sequer sou poeta: vejo.
Se o que escrevo tem valor, não sou eu
                [que o tenho:
O valor está ali, nos meus versos.
Tudo isso é absolutamente independente
                [da minha vontade.[81]

(07/11/1915)

*

---

[81]. Publicado na revista *Atena*, n. 4, janeiro de 1925. O fato de ter sido chamado um poeta materialista afetou Caeiro. Sobre isso, diz Álvaro de Campos em "Notas para a (continua)

Quando tornar a vir a Primavera
Talvez já não me encontre no mundo.

(continuação) recordação do meu mestre Caeiro": "[...] E expliquei-lhe, mais ou menos bem, o que é o materialismo clássico. Caeiro ouviu-me com uma atenção de cara dolorosa, e depois disse-me bruscamente:
'Mas isso o que é é muito estúpido. Isso é uma coisa de padres sem religião, e portanto sem desculpa nenhuma.'
Fiquei atónito, e apontei-lhe várias semelhanças entre o materialismo e a doutrina dele, salva a poesia desta última. Caeiro protestou.
'Mas isso a que V. chama poesia é que é tudo. Nem é poesia: é ver. Essa gente materialista é cega. V. diz que eles dizem que o espaço é infinito. Onde é que eles viram isso no espaço?'
E eu, desnorteado. 'Mas V. não concebe o espaço como infinito? Você não pode conceber o espaço como infinito?'
'Não concebo nada como infinito. Como é que eu posso conceber qualquer coisa como infinito?'
'Homem', disse eu, 'suponha um espaço. Para além desse espaço há mais espaço, para além desse mais, e depois mais, e mais, e mais... Não acaba...'
'Por quê?', disse o meu mestre Caeiro.
Fiquei num terramoto mental. 'Suponha que acaba', gritei. 'O que há depois?'
'Se acaba, depois não há nada', respondeu. Este género de argumentação, cumulativamente infantil e feminina, e portanto irresponsável, atou-me o cérebro durante uns momentos.
'Mas V. concebe isso?', deixei cair por fim.
'Se concebo o quê? Uma coisa ter limites? Pudera! O que não tem limites não existe. Existir é haver outra cousa qualquer, e portanto cada coisa ser limitada. O que é que custa conceber que uma coisa é uma coisa, e não está sempre a ser uma outra coisa que está mais adiante?'
Nessa altura senti carnalmente que estava discutindo, não com outro homem, mas com outro universo.[...]"

Gostava agora de poder julgar que
                [a Primavera é gente
Para poder supor que ela choraria,
Vendo que perdera o seu único amigo.
Mas a Primavera nem sequer é uma coisa:
É uma maneira de dizer.
Nem mesmo as flores tornam
                [ou as folhas verdes.
Há novas flores, novas folhas verdes.
Há outros dias suaves.
Nada torna, nada se repete,
                [porque tudo é real.[82]

                      (07/11/1915)

           *

Se eu morrer novo,
Sem poder publicar livro nenhum,
Sem ver a cara que têm os meus versos
                [em letra impressa
Peço que, se se quiserem ralar
                [por minha causa,
Que não se ralem.
Se assim aconteceu, assim está certo.

Mesmo que os meus versos nunca sejam
                [impressos,

---

82. Publicado na revista *Atena*, n. 4, janeiro de 1925.

Eles lá terão a sua beleza, se forem belos.
Mas eles não podem ser belos e ficar por
                              [imprimir,
Porque as raízes podem estar debaixo da terra
Mas as flores florescem ao ar livre e à vista.
Tem que ser assim por força. Nada o pode
                              [impedir.

Se eu morrer muito novo, oiçam isto:
Nunca fui senão uma criança que brincava.
Fui gentio como o sol e a água,
De uma religião universal que
       [só os homens não têm.
Fui feliz porque não pedi coisa nenhuma,
Nem procurei achar nada,
Nem achei que houvesse mais explicação
Que a palavra explicação não ter sentido nenhum.

Não desejei senão estar ao sol ou à chuva –
Ao sol quando havia sol
E à chuva quando estava chovendo
(E nunca a outra coisa),
Sentir calor e frio e vento,
E não ir mais longe.

Uma vez amei, julguei que me amariam,
Mas não fui amado.
Não fui amado pela única grande razão –
Porque não tinha que ser.

Consolei-me voltando ao sol e à chuva,
E sentando-me outra vez à porta de casa.
Os campos, afinal, não são tão verdes para
[que os que são amados
Como para os que o não são.
Sentir é estar distraído.[83]

(07/11/1915)

*

Quando vier a Primavera,
Se eu já estiver morto.
As flores florirão da mesma maneira
E as árvores não serão menos verdes que
[na Primavera passada.
A realidade não precisa de mim.

Sinto uma alegria enorme
Ao pensar que a minha morte não tem
[importância nenhuma.

Se soubesse que amanhã morria
E a Primavera era depois de amanhã,
Morreria contente, porque ela era
[depois de amanhã.
Se esse é o seu tempo, quando havia ela
[de vir senão no seu tempo?

---

83. Publicado na revista *Atena*, n. 4, janeiro de 1925.

Gosto que tudo seja real e que tudo
                              [esteja certo;
E gosto porque assim seria, mesmo que eu
                              [não gostasse.
Por isso, se morrer agora, morro contente,
Porque tudo é real e tudo está certo.

Podem rezar latim sobre o meu caixão,
                              [se quiserem.
Se quiserem, podem dançar e cantar
                              [à roda dele.
Não tenho preferências para quando já não
                              [puder ter preferências.
O que for, quando for, é que será o que é.[84]

                              (07/11/1915)

*

Se, depois de eu morrer, quiserem escrever
                              [a minha biografia,
Não há nada mais simples.
Tem só duas datas – a da minha nascença
                              [e a da minha morte.
Entre uma e outra coisa todos os dias
                              [são meus.

Sou fácil de definir.
Vi como um danado.

---

84. Publicado na revista *Atena*, n. 4, janeiro de 1925.

Amei as coisas sem sentimentalidade
                        [nenhuma.
Nunca tive um desejo que não pudesse
                        [realizar, porque nunca ceguei.
Mesmo ouvir nunca foi para mim senão
                        [um acompanhamento de ver.
Compreendi que as coisas são reais e todas
                        [diferentes umas das outras;
Compreendi isto com os olhos, nunca com
                        [o pensamento.
Compreender isto com o pensamento seria
                        [achá-las todas iguais.

Um dia deu-me o sono como a qualquer
                        [criança.
Fechei os olhos e dormi.
Além disso, fui o único poeta da Natureza.[85]

*

É noite. A noite é muito escura. Numa casa
                        [a uma grande distância
Brilha a luz duma janela.
Vejo-a, e sinto-me humano dos pés a cabeça.
É curioso que toda a vida do indivíduo
       [que ali mora, e que não sei quem é,
Atrai-me só por essa luz vista de longe.
Sem dúvida que a vida dele é real e ele tem
                        [cara, gestos, família e profissão.

---

85. Publicado na revista *Atena*, n. 4, janeiro de 1925.

Mas agora só me importa a luz da janela dele.
Apesar de a luz estar ali por ele a ter acendido,
A luz é a realidade imediata para mim.
Eu nunca passo para além da realidade
[imediata.
Para além da realidade imediata não há nada.
Se eu, de onde estou, só vejo aquela luz,
Em relação à distância onde estou
[há só aquela luz.
O homem e a família dele são reais do lado
[de lá da janela.
Eu estou do lado de cá, a uma grande distância.
A luz apagou-se.
Que me importa que o homem continue
[a existir?[86]

(8/11/1915)

*

Nunca sei como é que se pode achar
[um poente triste.
Só se é por um poente não ser
[uma madrugada.
Mas se ele é um poente, como é que ele havia
[de ser uma madrugada?

(8/11/1915)

*

---
86. Variante: 11º v. – A luz é a realidade que está defronte de mim.
Essa ode expressa toda a dimensão solitária de Caeiro.

121

Um dia de chuva é tão belo como
                    [um dia de sol.
Ambos existem; cada um como é.

(8/11/1915)

*

Quando a erva crescer em cima
                    [da minha sepultura,
Seja esse o sinal para me esquecerem de todo.
A Natureza nunca se recorda, e por isso é bela.
E se tiverem a necessidade doentia de "interpretar"
                    [a erva verde sobre a minha sepultura,
Digam que eu continuo a verdecer
                    [e a ser natural.

(8/11/1915)

*

Quando está frio no tempo do frio, para mim
                    [é como se estivesse agradável,
Porque para o meu ser adequado à existência
                    [das coisas
O natural é o agradável só por ser natural.

Aceito as dificuldades da vida porque são
                    [o destino,
Como aceito o frio excessivo no alto
                    [do Inverno
Calmamente, sem me queixar, como quem
                    [meramente aceita,

E encontra uma alegria no fato de aceitar
No fato sublimemente científico e difícil
       [de aceitar o natural inevitável.

Que são para mim as doenças que tenho
       [e o mal que me acontece
Senão o Inverno da minha pessoa
       [e da minha vida?
O Inverno irregular, cujas leis de aparecimento
       [desconheço,
Mas que existe para mim em virtude
       [da mesma fatalidade sublime,
Da mesma inevitável exterioridade a mim,
Que o calor da terra no alto do Verão
E o frio da terra no cimo do Inverno.

Aceito por personalidade.
Nasci sujeito como os outros a erros
       [e a defeitos,
Mas nunca ao erro de querer compreender
       [demais,
Nunca ao erro de querer compreender
       [só com a inteligência.
Nunca ao defeito de exigir do Mundo
Que fosse qualquer coisa que não fosse
       [o Mundo.

(24/10/1917)[87]

*

---
87. A considerar essa data, seria um poema póstumo, uma vez que Caeiro morreu em 1915.

Seja o que for que esteja no centro do Mundo,
Deu-me o mundo exterior por exemplo
                              [de Realidade,
E quando digo "isto é real", mesmo
                              [de um sentimento,
Vejo-o sem querer em um espaço qualquer
                              [exterior,
Vejo-o com uma visão qualquer fora
                              [e alheio a mim.

Ser real quer dizer não estar dentro de mim.
Da minha pessoa de dentro não tenho noção
                              [de realidade.
Sei que o mundo existe, mas não sei se existo,
Estou mais certo da existência da minha
                              [casa branca
Do que da existência interior do dono
                              [da casa branca.
Creio mais no meu corpo do que
                              [na minha alma,
Porque o meu corpo apresenta-se no meio
                              [da realidade.
Podendo ser visto por outros,
Podendo tocar em outros,
Podendo sentar-se e estar de pé,
Mas a minha alma só pode ser definida
                              [por termos de fora.
Exista para mim – nos momentos em que julgo
                              [que efectivamente existe –

Por um empréstimo da realidade exterior
[do Mundo.

Se a alma é mais real
Que o mundo exterior, como tu, filósofo, dizes,
Para que é que o mundo exterior me foi dado
[como tipo da realidade?

Se é mais certo eu sentir
Do que existir a coisa que sinto –
Para que sinto
E para que surge essa coisa independentemente
[de mim
Sem precisar de mim para existir,
E eu sempre ligado a mim-próprio, sempre
[pessoal e intransmissível?
Para que me movo com os outros
Em um mundo em que nos entendemos
[e onde coincidimos
Se por acaso esse mundo é o erro e eu é que
[estou certo?
Se o Mundo é um erro, é um erro de toda
[a gente.
E cada um de nós é o erro de cada um de nós
[apenas.
Coisa por coisa, o Mundo é mais certo.

Mas porque me interrogo, senão porque
[estou doente?

Nos dias certos, nos dias exteriores
[da minha vida,
Nos meus dias de perfeita lucidez natural,
Sinto sem sentir que sinto,
Vejo sem saber que vejo,
E nunca o Universo é tão real como então,
Nunca o Universo está (não é perto
[ou longe de mim.
Mas) tão sublimemente não-meu.

Quando digo "é evidente", quero acaso dizer
["só eu é que o vejo"?
Quando digo "é verdade", quero acaso dizer
["é minha opinião"?
Quando digo "ali está", quero acaso dizer
["não está ali"?
E se isto é assim na vida, porque será diferente
[na filosofia?
Vivemos antes de filosofar, existimos antes
[de o sabermos,
E o primeiro fato merece ao menos
[a precedência e o culto.
Sim, antes de sermos interior somos exterior.
Por isso somos exterior essencialmente.

Dizes, filósofo doente, filósofo enfim,
[que isto é materialismo.
Mas isto como pode ser materialismo,
[se materialismo é uma filosofia,

Se uma filosofia seria, pelo menos sendo
                [minha, uma filosofia minha,
E isto nem sequer é meu, nem sequer
                            [sou eu?
          (24/10/1917)[88]

*

Pouco me importa.
Pouco me importa o quê? Não sei:
                [pouco me importa.
          (24/10/1917)[89]

*

A guerra que aflige com os seus esquadrões
                        [o Mundo,
É o tipo perfeito do erro da filosofia.

A guerra, como tudo humano, quer alterar.
Mas a guerra, mais do que tudo, quer alterar
                        [e alterar muito
E alterar depressa.

Mas a guerra inflige a morte.
E a morte é o desprezo do Universo por nós.
Tendo por conseqüência a morte,
     [a guerra prova que é falsa.

---

88. A considerar essa data, seria um poema póstumo, uma vez que Caeiro morreu em 1915.

89. A considerar essa data, seria um poema póstumo, uma vez que Caeiro morreu em 1915.

Sendo falsa, prova que é falso todo
                        [o querer-alterar.

Deixemos o universo exterior e os outros
            [homens onde a Natureza os pôs.

Tudo é orgulho e inconsciência.
Tudo é querer mexer-se, fazer coisas,
                        [deixar rasto.
Para o coração e o comandante dos
                          [esquadrões
Regressa aos bocados o universo exterior.

A química directa da Natureza
Não deixa lugar vago para o pensamento.

A humanidade é uma revolta de escravos.
A humanidade é um governo usurpado
                          [pelo povo.
Existe porque usurpou, mas erra porque
                [usurpar é não ter direito.

Deixai existir o mundo exterior
                  [e a humanidade natural!
Paz a todas as coisas pré-humanas,
                    [mesmo no homem
Paz à essência inteiramente exterior
                          [do Universo!
                            (24/10/1917)[90]

*

---

90. A considerar essa data, seria um poema póstumo, uma vez que Caeiro morreu em 1915.

Ah! querem uma luz melhor que
a do Sol!
Querem prados mais verdes do que estes!
Querem flores mais belas do que estas
que vejo!
A mim este Sol, estes prados, estas flores
contentam-me.

Mas, se acaso me descontentam,
O que quero é um sol mais sol
que o Sol,
O que quero é prados mais prados
que estes prados,
O que quero é flores mais estas flores
que estas flores –
Tudo mais ideal do que é do mesmo modo
                [e da mesma maneira![91]

                    (12/04/1919)[92]

*

---

91. Variante: 3º v. Querem campos mais verdes que estes!
6º v. – A mim este sol, estes campos, estas flores
11º v. – O que quero é campos mais campos.

92. A considerar essa data, seria um poema póstumo, uma vez que Caeiro morreu em 1915.

Gozo os campos sem reparar para eles.
Perguntas-me porque os gozo.
Porque os gozo, respondo.
Gozar uma flor é estar ao pé dela
[inconscientemente
E ter uma noção do seu perfume nas nossas
[ideias mais apagadas.
Quando reparo, não gozo: vejo.
Fecho os olhos, e o meu corpo, que está
[entre a erva,
Pertence inteiramente ao exterior de quem
[fecha os olhos –
A dureza fresca da terra cheirosa e irregular;
E alguma coisa dos ruídos indistintos
[das coisas a existir,
E só uma sombra encarnada de luz
[me carrega levemente nas órbitas,
E só um resto de vida ouve.[93]

(20/04/1919)[94]

*

---

93. Variantes: 5º v. – E ter uma noção do seu perfume nas nossas idéias mais afastadas.
13º v. – E só um resto de vida [1º variante: soa; 2ª: serve; 3ª: fica; 4ª: esquece].

94. A considerar essa data, seria um poema póstumo, uma vez que Caeiro morreu em 1915.

Vive, dizes, no presente;
Vive só no presente.
Mas eu não quero o presente,
                           [quero a realidade;
Quero as coisas que existem,
                       [não o tempo que as mede.

O que é o presente?
É uma coisa relativa ao passado e ao futuro.
É uma coisa que existe em virtude
                       [de outras coisas existirem.
Eu quero só a realidade,
                       [as coisas sem presente.

Não quero incluir o tempo no meu esquema.
Não quero pensar nas coisas como presentes;
                       [quero pensar nelas como coisas.
Não quero separá-las de si-próprias,
                       [tratando-as por presentes.

Eu nem por reais as devia tratar.
Eu não as devia tratar por nada.

Eu devia vê-las, apenas vê-las;
Vê-las até não poder pensar nelas,
Vê-las sem tempo, nem espaço,
Ver podendo dispensar tudo menos
                       [o que se vê.

É esta a ciência de ver, que não é nenhuma.[95]

(19/07/1920)[96]

*

Hoje de manhã saí muito cedo,
Por ter acordado ainda mais cedo
E não ter nada que quisesse fazer...

Não sabia por caminho tomar
Mas o vento soprava forte, varria para
                              [um lado,
E segui o caminho para onde o vento
                              [me soprava nas costas.

Assim tem sido sempre a minha vida, e
assim quero que possa ser sempre
Vou onde o vento me leva e não me
Sinto pensar.[97]

(13/06/1930)[98]

*

---

95. Variantes: 4º v. – Quero as cousas que existem, não o tempo em que estão.

9º v. – Não quero incluir o tempo no meu haver.

16º v. – Vê-las sem tempo, nem lugar.

96. A considerar essa data, seria um poema póstumo, uma vez que Caeiro morreu em 1915.

97. Variantes: 5º v. – Mas o vento empurrava forte, varria para um lado,

9º v. – Vou onde o vento me leva e não [1ª variante: sou capaz de pensar; 2ª: desejo pensar].

98. A considerar essa data, seria um poema póstumo, uma vez que Caeiro morreu em 1915.

Primeiro prenúncio de trovoada de depois
                              [de amanhã.
As primeiras nuvens, brancas, pairam baixas
                              [no céu mortiço,
Da trovoada de depois de amanhã?
Tenho a certeza, mas a certeza é mentira.
Ter certeza é não estar vendo.
Depois de amanhã não há.
O que há é isto:
Um céu azul, um pouco baço, umas nuvens
                              [brancas no horizonte,
Com um retoque de sujo em baixo
                    [como se viesse negro depois,
Isto é o que hoje é,
E, como hoje por enquanto é tudo,
                              [isto é tudo.
Quem sabe se eu estarei morto depois
                              [de amanhã?
Se eu estiver morto depois de amanhã,
          [a trovoada de depois de amanhã
Será outra trovoada do que seria se eu não
                              [tivesse morrido.
Bem sei que a trovoada não cai da minha vista,
Mas se eu não estiver no mundo,
O mundo será diferente –
Haverá eu a menos –

E a trovoada cairá num mundo diferente
           [e não será a mesma trovoada.

                         (10/07/1930)[99]

*

Também sei fazer conjecturas.
Há em cada coisa aquilo que ela é que
                           [a anima.
Na planta está por fora e é uma ninfa
                           [pequena.
No animal é um ser interior longínquo.
No homem é a alma que vive com ele
                         [e é já ele.
Nos deuses tem o mesmo tamanho
E o mesmo espaço que o corpo
E é a mesma coisa que o corpo.
Por isso se diz que os deuses nunca morrem.
Por isso os deuses não têm corpo e alma.
Mas só corpo e são perfeitos.
O corpo é que lhes é alma
E têm a consciência na própria carne divina.[100]

---

99. A considerar essa data, seria um poema póstumo, uma vez que Caeiro morreu em 1915.

100. Publicado na revista *Presença*, n. 31-32, junho de 1931. Alberto Caeiro recusa a cultura judaico-cristã, fundada na crença do pecado original e cria o neopaganismo, movimento filosófico, político e estético, que terá Ricardo Reis e António Mora (uma personalidade literária criada por Pessoa bastante estudada nos últimos tempos) como seguidores, buscando a objetividade pura que, segundo Álvaro de Campos, o cristianismo arruinou.

*

A neve pôs uma toalha calada sobre tudo.
Não se sente senão o que se passa dentro
          [de casa.
Embrulho-me num cobertor e não penso
          [sequer em pensar.
Sinto um gozo de animal e vagamente penso,
E adormeço sem menos utilidade que todas
          [as acções do mundo.

*

É talvez o último dia da minha vida.
Saudei o sol, levantando a mão direita,
Mas não o saudei, dizendo-lhe adeus,
Fiz sinal de gostar de o ver antes: mais nada.[101]

---

101. Os *Poemas inconjuntos* representam uma volta ao Caeiro anterior a *O pastor amoroso*. De novo o naturalismo absoluto. De novo uma concepção ingênua e "realista" – no que ele pretende realista – de um mundo onde a Natureza fala mais alto, mas uma concepção fortemente pensada e intelectualizada. Na verdade, Alberto Caeiro busca conhecer todas as configurações do real. Segundo o heterônimo Ricardo Reis, no "Esboço de um prefácio à obra de Alberto Caeiro": [...] "fez Caeiro a sua obra por um progresso imperceptível e profundo, como aquele que dirige, através das consciências inconscientes dos homens, o desenvolvimento lógico das civilizações. Foi um progresso de sensações, ou, antes, de maneiras de as ter, e uma evolução íntima de pensamentos derivados de tais sensações progressivas".

Cronologia

1888 – Filho de Joaquim de Seabra Pessoa, funcionário e crítico musical, e de Maria Madalena Pinheiro Nogueira, nasce Fernando António Nogueira Pessoa em 13 de junho, no Largo de São Carlos, em Lisboa.

1893 – Nasce o irmão Jorge. O pai, Joaquim Pessoa, morre de tuberculose. A família se instala na casa de Dionísia, avó paterna, louca.

1894 – Morre Jorge. Fernando Pessoa cria seu primeiro "heterônimo", "Chevalier de Pas".

1895 – Escreve o seu primeiro poema, infantil, intitulado "À minha querida mamã". A mãe, Madalena Nogueira, casa por procuração com o comandante João Miguel Rosa, cônsul de Portugal em Durban, África do Sul.

1896 – Parte com a mãe e um tio-avô, Cunha, para Durban. Nasce a irmã Henriqueta Madalena. Inicia o curso primário na escola de freiras irlandesas da West Street.

1897 – Faz a primeira comunhão.

1898 – Nasce a outra irmã: Madalena.

1899 – Ingressa na Durban High School e, com louvor, passa, na metade do ano, para o ciclo superior.

1900 – Nasce o irmão Luís Miguel. Admitido no terceiro ano do liceu, obtém o prêmio de Francês e, no final do ano, em dezembro, é admitido no quarto ano.

1901 – Escreve o primeiros poema em inglês: "*Separate from thee*". Morre a irmã Madalena. Parte com a família para um ano de férias em Portugal.

1902 – Nasce o irmão João. Escreve o primeiro poema conhecido em português: "Quando ela passa..." Como a família regressara antes dele, em setembro, Pessoa volta sozinho para a África do Sul.

1903 – Submete-se ao exame de admissão à Universidade do Cabo. Obtém a melhor nota entre os 899 candidatos no ensaio de estilo inglês, o que lhe vale o Prêmio Rainha Vitória. Cria o "heterônimo" Alexander Search.

1904 – Primeiro texto impresso: ensaio sobre *Macaulay*, na revista do liceu. Termina seus estudos na África do Sul. Nascimento da irmã Maria Clara. Criação do "heterônimo" Charles Robert Anon.

1905 – Retorna a Lisboa, onde passa a viver com uma tia-avó, Maria. Continua a escrever poemas em inglês. Inscreve-se na Faculdade de Letras, mas quase não freqüenta.

1906 – A mãe e o padrasto retornam a Lisboa para férias de seis meses, e Pessoa volta a morar com eles. Morre Maria Clara.

1907 – A família retorna mais uma vez a Durban. Pessoa passa a morar com a avó e as tias. Desiste do curso de Letras. Em agosto, a avó morre e lhe deixa uma pequena herança. Com o dinheiro, inaugura a tipografia Íbis.

1908 – Começa a trabalhar como correspondente estrangeiro em escritórios comerciais. Começa a escrever cenas do "Fausto", obra que nunca terminará.

1910 – Escreve poesia e prosa em português, inglês e francês.

1911 – Escreve "Análise", iniciando o lirismo tipicamente pessoano.

1912 – Conhece Mário de Sá-Carneiro, de quem se tornará grande amigo. Pessoa estréia publicando artigos em *A Águia*, provocando polêmicas junto à intelectualidade portuguesa. Passa a viver com a tia Anica.

1913 – Escreve os primeiros poemas esotéricos; escreve "Impressões do Crepúsculo" (poema paulista); "Epithalamium" (primeiro poema erótico, em inglês); "Gládio" (que depois usará na *Mensagem*); "O Marinheiro" (em 48 horas). Publica, em *A Águia*, "Floresta do Alheamento", apresentado como fragmento do *Livro do desassossego*.

1914 – Primeiras publicações, como poeta, na revista *A Renascença:* "Impressões do crepúsculo" e "Ó sino da minha aldeia". Cria os heterônimos Álvaro de Campos, Ricardo Reis e Alberto Caeiro. Escreve os poemas de *O guardador de rebanhos*, "Chuva oblíqua", odes de Ricardo Reis e a "Ode Triunfal" de Campos.

1915 – Lança os dois primeiros números de *Orpheu*, que provocam escândalo. Crise no grupo do Orpheu: Álvaro de Campos ataca Afonso Costa.

1916 – Pessoa fica deprimido com o suicídio de Mário de Sá-Carneiro. Publicação em revista da série de sonetos esotéricos *Passos da Cruz*.

1917 – Publicação do "Ultimatum", de Campos, na revista *Portugal Futurista*.

1918 – Pessoa publica dois livrinhos de poemas em inglês, resenhados com destaque na *Times*.

1919 – Morre o comandante Rosa.

1920 – Conhece Ophélia Queiroz, a quem passa a namorar. Sua mãe e seus irmãos voltam para Portugal. Em outubro, atravessa uma grande depressão, que o leva a pensar em internar-se numa casa de saúde. Rompe com Ophélia.

1921 – Funda a editora Olisipo, onde publica poemas em inglês.

1922 – Publica *Mar português*, com poemas que serão retomados na *Mensagem*.

1924 – Publica, na revista *Atena*, vários poemas de Campos.

1925 – Publica, na *Atena*, poemas de Alberto Caeiro. Decide parar a publicação da revista. Morre, em Lisboa, a mãe do poeta, em 17 de março. Seu estado psíquico o inquieta, escreve a um amigo, manifestando desejo de ser hospitalizado.

1926 – Cria, com o cunhado, a *Revista de Comércio e Contabilidade*.

1927 – A revista *Presença* reconhece Pessoa como mestre da nova geração de poetas. Publica, na revista, um poema seu, um de Álvaro de Campos e odes de Ricardo Reis.

1928 – Campos escreve "Tabacaria". Pessoa escreve poemas que integrarão *Mensagem*.

1929 – Publica fragmentos do *Livro do desassossego*, creditando-os a Bernardo Soares. Volta a se relacionar com Ophélia.

1930 – Rompe com Ophélia. Encontra o "mago" Aleister Crowley.

1931 – Escreve "Autopsicografia". Publica fragmentos do *Livro do desassossego*.

1932 – Continua publicando fragmentos do *Livro do desassossego*.

1933 – Publica "Tabacaria" e escreve o poema esotérico "Eros e Psique".

1934 – Finaliza *Portugal*, que depois será chamado de *Mensagem*. Candidata-se ao Prêmio Antero de Quental. Escreve mais de trezentas quadras populares. Recebe o segundo lugar no concurso. Publica *Mensagem*.

1935 – Escreve a famosa carta a Adolfo Casais Monteiro, em que explica a gênese dos heterônimos. Redige sua nota biográfica, na qual se diz "conservador antirreacionário", "cristão gnóstico" e membro da Ordem dos Templários. Em 29 de novembro, é internado com o diagnóstico de cólica hepática. A sua última frase, escrita em inglês, diz: "*I know not what tomorrow will bring*". Morre no dia 30, às 20h30.

Coleção L&PM POCKET (LANÇAMENTOS MAIS RECENTES)

312. **A alma do homem sob o socialismo** – Oscar Wilde
313. **Tudo sobre Yôga** – Mestre De Rose
314. **Os varões assinalados** – Tabajara Ruas
315. **Édipo em Colono** – Sófocles
316. **Lisístrata** – Aristófanes/ trad. Millôr
317. **Sonhos de Bunker Hill** – John Fante
318. **Os deuses de Raquel** – Moacyr Scliar
319. **O colosso de Maríssia** – Henry Miller
320. **As eruditas** – Molière/ trad. Millôr
321. **Radicci 1** – Iotti
322. **Os Sete contra Tebas** – Ésquilo
323. **Brasil Terra à Vista** – Eduardo Bueno
324. **Radicci 2** – Iotti
325. **Júlio César** – William Shakespeare
326. **A carta de Pero Vaz de Caminha**
327. **Cozinha Clássica** – Sílvio Lancellotti
328. **Madame Bovary** – Gustave Flaubert
329. **Dicionário do viajante insólito** – M. Scliar
330. **O capitão saiu para o almoço...** – Bukowski
331. **A carta roubada** – Edgar Allan Poe
332. **É tarde para saber** – Josué Guimarães
333. **O livro de bolso da Astrologia** – Maggy Harrissonx e Mellina Li
334. **1933 foi um ano ruim** – John Fante
335. **100 receitas de arroz** – Aninha Comas
336. **Guia prático do Português correto – vol. 1** – Cláudio Moreno
337. **Bartleby, o escriturário** – H. Melville
338. **Enterrem meu coração na curva do rio** – Dee Brown
339. **Um conto de Natal** – Charles Dickens
340. **Cozinha sem segredos** – J. A. P. Machado
341. **A dama das Camélias** – A. Dumas Filho
342. **Alimentação saudável** – H. e Â. Tonetto
343. **Continhos galantes** – Dalton Trevisan
344. **A Divina Comédia** – Dante Alighieri
345. **A Dupla Sertanojo** – Santiago
346. **Cavalos do amanhecer** – Mario Arregui
347. **Biografia de Vincent van Gogh por sua cunhada** – Jo van Gogh-Bonger
348. **Radicci 3** – Iotti
349. **Nada de novo no front** – E. M. Remarque
350. **A hora dos assassinos** – Henry Miller
351. **Flush - Memórias de um cão** – Virginia Woolf
352. **A guerra no Bom Fim** – M. Scliar
353. (1). **O caso Saint-Fiacre** – Simenon
354. (2). **Morte na alta sociedade** – Simenon
355. (3). **O cão amarelo** – Simenon
356. (4). **Maigret e o homem do banco** – Simenon
357. **As uvas e o vento** – Pablo Neruda
358. **On the road** – Jack Kerouac
359. **O coração amarelo** – Pablo Neruda
360. **Livro das perguntas** – Pablo Neruda
361. **Noite de Reis** – William Shakespeare
362. **Manual de Ecologia** – vol.1 – J. Lutzenberger
363. **O mais longo dos dias** – Cornelius Ryan
364. **Foi bom prá você?** – Nani
365. **Crepusculário** – Pablo Neruda
366. **A comédia dos erros** – Shakespeare
367. (5). **A primeira investigação de Maigret** – Simenon
368. (6). **As férias de Maigret** – Simenon
369. **Mate-me por favor (vol.1)** – L. McNeil
370. **Mate-me por favor (vol.2)** – L. McNeil
371. **Carta ao pai** – Kafka
372. **Os Vagabundos iluminados** – J. Kerouac
373. (7). **O enforcado** – Simenon
374. (8). **A fúria de Maigret** – Simenon
375. **Vargas, uma biografia política** – H. Silva
376. **Poesia reunida (vol.1)** – A. R. de Sant'Anna
377. **Poesia reunida (vol.2)** – A. R. de Sant'Anna
378. **Alice no país do espelho** – Lewis Carroll
379. **Residência na Terra 1** – Pablo Neruda
380. **Residência na Terra 2** – Pablo Neruda
381. **Terceira Residência** – Pablo Neruda
382. **O delírio amoroso** – Bocage
383. **Futebol ao sol e à sombra** – E. Galeano
384. (9). **O porto das brumas** – Simenon
385. (10). **Maigret e seu morto** – Simenon
386. **Radicci 4** – Iotti
387. **Boas maneiras & sucesso nos negócios** – Celia Ribeiro
388. **Uma história Farroupilha** – M. Scliar
389. **Na mesa ninguém envelhece** – J. A. P. Machado
390. **200 receitas inéditas do Anonymus Gourmet** – J. A. Pinheiro Machado
391. **Guia prático do Português correto – vol.2** – Cláudio Moreno
392. **Breviário das terras do Brasil** – Luis A.de Assis Brasil
393. **Cantos Cerimoniais** – Pablo Neruda
394. **Jardim de Inverno** – Pablo Neruda
395. **Antonio e Cleópatra** – William Shakespeare
396. **Tróia** – Cláudio Moreno
397. **Meu tio matou um cara** – Jorge Furtado
398. **O anatomista** – Federico Andahazi
399. **As viagens de Gulliver** – Jonathan Swift
400. **Dom Quixote – v.1** – Miguel de Cervantes
401. **Dom Quixote – v.2** – Miguel de Cervantes
402. **Sozinho no Pólo Norte** – Thomas Brandolin
403. **Matadouro Cinco** – Kurt Vonnegut
404. **Delta de Vênus** – Anaïs Nin
405. **Hagar 2** – Dick Browne
406. **É grave Doutor?** – Nani
407. **Orai pornô** – Nani
408. (11). **Maigret em Nova York** – Simenon
409. (12). **O assassino sem rosto** – Simenon
410. (13). **O mistério das jóias roubadas** – Simenon
411. **A irmãzinha** – Raymond Chandler
412. **Três contos** – Gustave Flaubert
413. **De ratos e homens** – John Steinbeck
414. **Lazarilho de Tormes**
415. **Triângulo das águas** – Caio Fernando Abreu
416. **100 receitas de carnes** – Sílvio Lancellotti
417. **Histórias de robôs: volume 1** – Isaac Asimov

418. **Histórias de robôs: volume 2** – Isaac Asimov
419. **Histórias de robôs: volume 3** – Isaac Asimov
420. **O país dos centauros** – Tabajara Ruas
421. **A república de Anita** – Tabajara Ruas
422. **A carga dos lanceiros** – Tabajara Ruas
423. **Um amigo de Kafka** – Isaac Singer
424. **As alegres matronas de Windsor** – Shakespeare
425. **Amor e exílio** – Isaac Bashevis Singer
426. **Use & abuse do seu signo** – Marília Fiorillo e Marylou Simonsen
427. **Pigmaleão** – Bernard Shaw
428. **As fenícias** – Eurípides
429. **Everest** – Thomaz Brandolin
430. **A arte de furtar** – Anônimo do séc. XVI
431. **Billy Bud** – Herman Melville
432. **A rosa separada** – Pablo Neruda
433. **Elegia** – Pablo Neruda
434. **A garota de Cassidy** – David Goodis
435. **Como fazer a guerra: máximas de Napoleão**
436. **Poemas de Emily Dickinson**
437. **Gracias por el fuego** – Mario Benedetti
438. **O sofá** – Crébillon Fils
439. **O "Martín Fierro"** – Jorge Luis Borges
440. **Trabalhos de amor perdidos** – W. Shakespeare
441. **O melhor de Hagar 3** – Dik Browne
442. **Os Maias (volume1)** – Eça de Queiroz
443. **Os Maias (volume2)** – Eça de Queiroz
444. **Anti-Justine** – Restif de La Bretonne
445. **Juventude** – Joseph Conrad
446. **Singularidades de uma rapariga loura** – Eça de Queiroz
447. **Janela para a morte** – Raymond Chandler
448. **Um amor de Swann** – Marcel Proust
449. **À paz perpétua** – Immanuel Kant
450. **A conquista do México** – Hernan Cortez
451. **Defeitos escolhidos e 2000** – Pablo Neruda
452. **O casamento do céu e do inferno** – William Blake
453. **A primeira viagem ao redor do mundo** – Antonio Pigafetta
454. (14). **Uma sombra na janela** – Simenon
455. (15). **A noite da encruzilhada** – Simenon
456. (16). **A velha senhora** – Simenon
457. **Sartre** – Annie Cohen-Solal
458. **Discurso do método** – René Descartes
459. **Garfield em grande forma** – Jim Davis
460. **Garfield está de dieta** – Jim Davis
461. **O livro das feras** – Patricia Highsmith
462. **Viajante solitário** – Jack Kerouac
463. **Auto da barca do inferno** – Gil Vicente
464. **O livro vermelho dos pensamentos de Millôr** – Millôr Fernandes
465. **O livro dos abraços** – Eduardo Galeano
466. **Voltaremos!** – José Antonio Pinheiro Machado
467. **Rango** – Edgar Vasques
468. **Dieta Mediterrânea** – Dr. Fernando Lucchese e José Antonio Pinheiro Machado
469. **Radicci 5** – Iotti
470. **Pequenos pássaros** – Anaïs Nin
471. **Guia prático do Português correto – vol.3** – Cláudio Moreno
472. **Atire no Pianista** – David Goodis
473. **Antologia Poética** – Garcia Lorca
474. **Alexandre e César** – Plutarco
475. **Uma espiã na casa do amor** – Anaïs Nin
476. **A gorda do Tiki Bar** – Dalton Trevisan
477. **Garfield um gato de peso** – Jim Davis
478. **Canibais** – David Coimbra
479. **A arte de escrever** – Arthur Schopenhauer
480. **Pinóquio** – Carlo Collodi
481. **Misto-quente** – Charles Bukowski
482. **A lua na sarjeta** – David Goodis
483. **Recruta Zero** – Mort Walker
484. **Aline 2: TPM – tensão pré-monstrual** – Adão Iturrusgarai
485. **Sermões do Padre Antonio Vieira**
486. **Garfield numa boa** – Jim Davis
487. **Mensagem** – Fernando Pessoa
488. **Vendetta** *seguido de* **A paz conjugal** – Balzac
489. **Poemas de Alberto Caeiro** – Fernando Pessoa
490. **Ferragus** – Honoré de Balzac
491. **A duquesa de Langeais** – Honoré de Balzac
492. **A menina dos olhos de ouro** – Honoré de Balzac
493. **O lírio do vale** – Honoré de Balzac
494. (17). **A barcaça da morte** – Simenon
495. (18). **As testemunhas rebeldes** – Simenon
496. (19). **Um engano de Maigret** – Simenon
497. **A noite das bruxas** – Agatha Christie
498. **Um passe de mágica** – Agatha Christie
499. **Nêmesis** – Agatha Christie
500. **Esboço de uma teoria das emoções** – Jean-Paul Sartre
501. **Renda básica da cidadania** – Eduardo Suplicy
502. (1). **Pílulas para viver melhor** – Dr. Lucchese
503. (2). **Pílulas para prolongar a juventude** – Dr. Lucchese
504. (3). **Desembarcando o Diabetes** – Dr. Lucchese
505. (4). **Desembarcando o Sedentarismo** – Dr. Fernando Lucchese e Cláudio Castro
506. (5). **Desembarcando a Hipertensão** – Dr. Lucchese
507. (6). **Desembarcando o Colesterol** – Dr. Fernando Lucchese e Fernanda Lucchese
508. **Estudo de mulher** – Balzac
509. **O terceiro tira** – Flann O'Brien
510. **100 receitas de aves e ovos** – José Antonio Pinheiro Machado
511. **Garfield em Toneladas de diversão** – Jim Davis
512. **Trem-bala** – Martha Medeiros
513. **Os cães ladram** – Truman Capote
514. **O Kama Sutra de Vatsyayana**
515. **O crime do Padre Amaro** – Eça de Queiroz
516. **Odes de Ricardo Reis** – Fernando Pessoa
517. **O inverno da nossa desesperança** – John Steinbeck
518. **Os piratas do Tietê** – Laerte
519. **Rê Bordosa: Do começo ao fim** – Angeli
520. **O Harlem é escuro** – Chester Himes
521. **Café-da-manhã dos campeões** – Kurt Vonnegut
522. **Eugénie Grandet** – Balzac
523. **O último magnata** – Scott Fitzgerald

Impressão

GRÁFICA EDITORA
Pallotti
IMAGEM DE QUALIDADE

Porto Alegre • RS
Fone: (51) 3021.5001 Fax: (51) 3021.5050
www.pallotti.com.br